Peter Stadelmann

Fische für den Gartenteich

Mit Fotos bekannter Tierfotografen
Zeichnungen: Johann Brandstetter

INHALT

TYPISCH FISCHE IM GARTENTEICH

- Viele Arten sind geeignet
- Verschiedene Arten lassen sich zusammen pflegen
- Meist friedlich und anspruchslos
- Manche Arten sind auch für »Forscher« interessant
- Verhalten teils neugierig – teils zurückhaltend
- Sie bereiten keine Probleme im Urlaub und im Winter
- Robust und wenig anfällig für Krankheiten
- Erkennen den Pfleger am Schrittrhythmus
- Manche fressen aus der Hand
- Bei einigen interessante Brutpflege – andere überleben durch die große Zahl

Das Quarantäneaquarium

Sie haben bei einem Händler oder Bekannten Fische gesehen, die Sie gerne im Teich pflegen möchten, sind sich aber nicht ganz sicher, ob Sie die Fische gleich in Ihren Teich gewöhnen können. Das Teichwasser hat vielleicht erst 15 °C und das Wasser im bisherigen Hälterungsbecken aber 23 °C.

In solchen Fällen hilft ein Quarantäneaquarium. Sie stellen es in einen ungeheizten Raum und sorgen durch Öffnen der Fenster für kühlere Umgebung, sodass die Wassertemperatur langsam absinkt. Das darf aber nicht schlagartig passieren. Die Folgen können Stoffwechselbeschwerden sein, da gefressene Nahrung nicht mehr richtig verdaut werden kann.

Das Quarantäneaquarium sollte etwa 100 l fassen und muss ohne starke Strömung biologisch gefiltert sein. Die Umgewöhnung sollte etwa 1 Woche dauern. Ein Oxydator (→ Seite 10) ist dabei sehr nützlich. Durch die hohe Sauerstoffkonzentration wird den Fischen die Eingewöhnung erleichtert.

ENTSCHEIDUNGSHILFEN

1 Fische im Teich bereiten keinerlei Urlaubsprobleme. Kurze Phasen der Abwesenheit übersteht ein Teich ohne Probleme.

2 Fische können in den meisten Fällen im Teich überwintern.

3 Fische im Gartenteich zu pflegen ist erholsam, interessant und sehr lehrreich.

4 Fische im Gartenteich schließen keineswegs aus, dass sich andere Teichgäste, wie Libellen, Frösche und Kröten, im und am Teich wohl fühlen.

5 Kinder lieben Fische! Es ist daher wichtig, den Teich kindersicher zu gestalten.

6 Der Teich wird nur einmal im Herbst gepflegt, bevor das Laub fällt, meist Anfang Oktober.

7 Sparen Sie nicht an der notwendigen Technik, dafür ist dann der Pflegeaufwand umso geringer.

8 Fische im Gartenteich sollten immer zu mehreren gehalten werden. Die verschiedenen Arten müssen aber zusammen passen.

9 Gesunde Gartenfische sind robust und werden selten krank.

Wohin mit überzähligen Fischen?

Bei guter Pflege wird sich sehr schnell Nachwuchs bei den Teichbewohnern einstellen. Im Bekanntenkreis finden sich bestimmt dankbare Abnehmer der selbst gezüchteten Jungtiere. Wildern Sie überzählige Gartenfische bitte nicht »in die Freiheit« aus. Selbst »Exoten« – Fische, die aus anderen Regionen der Welt stammen – haben in der heutigen Zeit mit den milden Wintern bei uns eine Chance, in der freien Natur zu überleben. Da dort die natürlichen Feinde fehlen, besteht die Gefahr, dass sie unsere heimischen Fischarten verdrängen. Das gilt besonders für die sehr interessanten Katzenwelse (*Ictalurus melas, I. nebulosus*). Sie sollten deshalb besser in großen Aquarien und nicht im Teich gehalten werden. Kois und Goldfische sind so auffällig gefärbt, dass sie von Graureihern und anderen Fischräubern schnell auf »natürliche« Weise entsorgt werden.

PLANUNG UND ANLAGE DES GARTENTEICHS

Gleichgültig für welchen Teichtyp Sie sich entscheiden, das Wohl der Fische und die artgerechte Unterbringung sind ausschlaggebend für die Planung Ihres neuen Teichs. Gartenfische sind zwar recht anspruchslos, aber ein leicht zu pflegender Teich macht mehr Spass und sieht besser aus.

Planung eines Teichs für Fische

Ein Teich hat meist kaum mehr als 3500 l Inhalt, ein Artenteich, Zuchtteich oder ein Teich für Kinder selten mehr als 500 l. Der ideale Standort dafür liegt im Halbschatten oder an einem Platz im Garten, der zumindest nicht ganztägig der Sonne ausgesetzt ist. Kleinere Teiche würden sich sonst zu stark aufheizen. Und da warmes Wasser einen geringeren Sauerstoffgehalt aufweist als kälteres, wären solche Teiche schlechter zu pflegen.

Aber hier hilft ein Trick:

Mit einem Bachlauf lassen sich kleine Teiche wie »Perlen an einer Schnur« verbinden (→ Seite 41). Dadurch gelangt kühleres Wasser vom Schattenteich in den wärmeren Sonnenteich. Mit dieser Methode lassen sich mehrere Teiche mit einer Technik pflegen.

Der Fertigteich

Neben dem Folienteich hat sich der formstabile Fertigteich als die einfachste Art, den Teich zu bauen, durchgesetzt.

Der anspruchslose Giebel (Carassius auratus gibelio) ist der Stammvater der Goldfische.

Fertigteiche sind im Fachhandel in unterschiedlichsten Formen erhältlich. Sie erlauben es, fast jede Ecke Ihres Gartens auszunützen. Der kleine Teich besteht aus einem Stück, an das wie mit einem Modellbaukasten Bachelemente angesetzt oder Höhenunterschiede mit Wasserfällen ausgeglichen werden. Ab 3 m^3 Größe werden die Teiche meist vor Ort montiert.

Benötigtes Werkzeug:

Spaten, Schaufel, Kelle, Senkblei, Wasserwaage, einige Dachlatten.

Und so wird's gemacht:

Sie stellen den Fertigteich mit der Tiefwasserzone so, wie er später liegen soll, auf den Gartenboden. Also nicht umstülpen! Mit einem Senkblei markieren Sie die Umrisse auf dem Gartenboden und erweitern diese Fläche rundum um 50 cm. Das gibt genügend Platz, um die Teichwanne richtig auszurichten.

Während der Grabarbeiten bleibt Ihnen noch genügend Zeit zu entscheiden, ob der Teich nun ganz auf das Niveau des Gartenbodens eingelassen werden soll oder nur die Tiefwasserzone. Es bleiben in jedem Fall die 50 cm, die Sie breiter graben mussten, für ein Beet, das sich vielleicht sogar mit Küchenkräutern nützlich bepflanzen lässt.

1. Den Untergrund der ausgehobenen Grube mit der Maurerkelle und Wasserwaage leicht einebnen.
2. Jetzt den Fertigteich einsetzen und mit der Wasserwaage erneut ausrichten.
3. Da der Teich auf der kleineren Tiefwasserzone steht, muss der flachere Teil unterfüttert werden, damit der Teich nicht kippen kann. Dies geht am einfachsten mit Styropor.
4. Während Sie nun das Erdreich wieder rundum einfüllen, lassen Sie den Teich ganz langsam mit Wasser halb voll laufen, damit er sich absetzt. Kleinere Niveauunterschiede lassen sich dabei noch ausgleichen.
5. Wenn die Hälfte des Erdreichs wieder eingefüllt ist, wird es mit Wasser eingeschlämmt – so werden Hohlräume geschlossen. Aber nicht zu viel einschlämmen, damit die halbvolle Teichwanne nicht aufschwimmen kann.
6. Jetzt ist auch der richtige Zeitpunkt, um bei einem Hangteich die Talseite eventuell mit Palisaden abzustützen (→ Zeichnung Seite 27). Am besten halb im Boden – halb herausragend. Beim »Aufsitzteich« (nur die Tiefwasserzone ist eingegraben) genügt es, wenn ein Drittel der Palisaden eingegraben ist und zwei Drittel bis auf die Höhe des Teichrands abschließen.
7. Dann allmählich immer weiter auffüllen und einschlämmen, bis die Grube zugeschüttet ist. Mit Erde verfüllt, ist das die ideale Isolation im Winter. Dies ist besonders wichtig, wenn die Flachwasserzone über dem Gartenniveau liegt. Für einen Arten- oder Zuchtteich oder wenn Kinder beobachten möchten, ist der halb eingegrabene Teich besonders geeignet, um das Verhalten der Fische besser verfolgen zu können. Man ist einfach näher dran, ohne sich arg bücken zu müssen.
Soll der Teich in ein Hanggrundstück integriert werden, dann bietet sich der halb eingegrabene Fertigteich geradezu an.

Der Folienteich

Mit einer Folie lassen sich Teiche nach Maß in den Garten »modellieren«. Damit können undicht gewordene alte Betonteiche preiswert abgedichtet, aber auch vergrößert und in der Form verändert werden.

Technische Ausrüstung

✔ Eine Luftpumpe versorgt unabhängig von der Teichgröße während des ganzen Jahres, Tag und Nacht, die Fische mit Sauerstoff. Eigentlich stimmt das aber so nicht ganz. Denn die Luftpumpe drückt nur Luft ins Wasser, also ein Gasgemisch mit einem gewissen Sauerstoffgehalt. Eine geringe Menge Sauerstoff geht davon ins Wasser über und reißt dabei im Wasser gelöstes Kohlendioxid (CO_2) mit heraus. Der geringere CO_2-Gehalt dämmt den Algenwuchs.
Über den Ausströmersteinstein wird das Wasser mit Sauerstoff angereichert. Dieser treibt überschüssiges CO_2 aus (Kohlenstoffdioxid atmen alle Lebewesen aus).
Mit der Strömung der nach oben steigenden Luftperlen lässt sich ein ebenso billiger wie wirksamer Filter für kleinere Teiche betreiben (→ Zeichnung Seite 58).

✔ Der Oxydator gehört in jeden Teich, denn er versorgt das Wasser zusätzlich mit Sauerstoff. Er hat den Vorteil, dass der Sauerstoff nicht nach oben perlt, sondern direkt ins Wasser übergeht.
Wenn sich der Oxydator zu schnell entleert, ist meist Teichwasser in den Plastikbehälter eingedrungen. Es kommt dann zu Verunreinigungen und damit verbunden zu unkontrollierten Entleerungen. Auch längere Zeit ungenutzte Geräte müssen gereinigt werden.
Vorsicht: Der Oxydator wird mit H_2O_2, Wasserstoffperoxid, gefüllt, einer ätzenden Flüssigkeit! Der Zerfall von H_2O_2 in Wasser und Sauerstoff wird durch Katalysatoren reguliert. So kann es

nicht zu einem Säuresturz kommen. Sie erreichen so eine wesentlich höhere Sauerstoffkonzentration als mit einer Luftpumpe.
Reinigung des Oxydators:
1. Den leeren Oxydator 1 cm hoch mit H_2O_2-Lösung füllen, verschließen und kräftig schütteln. Die Verunreinigungen werden so aufgelöst.
2. Ausleeren und den Vorgang sooft wiederholen, bis es im Innern nicht mehr schäumt.
3. Dann entleeren und wie gewohnt füllen.
Achtung: Gummihandschuhe tragen, um sich vor Verätzungen zu schützen! Ist H_2O_2 auf die Haut gelangt, sofort unter fließendem Wasser abwaschen. Es erzeugt brennende, weiße Flecken, die aber nach einiger Zeit verschwinden.
Hoher Sauerstoffgehalt bedeutet: Selbst bei hohen Wassertemperaturen ist der Schadstoffabbau durch die Bodenbakterien gewährleistet.
✔ Eine Tauchpumpe befördert das Teichwasser in einen geringfügig höher gelegenen Bach. Von dort fließt es gereinigt wieder zurück in den Teich. Über die gleiche Pumpe lassen sich mehrere kleinere Teiche miteinander verbinden, Wasserfälle oder Quellsteine betreiben.
Alle benötigten Geräte für den Gartenteich sind im Zoofachhandel erhältlich.
Hinweis: Beachten Sie bitte bei allen elektrischen Geräten für die Teich- und Fischpflege unbedingt die Sicherheitsvorschriften der Hersteller, da sonst schwer wiegende Unfälle passieren können.

Das Wasser

Das Wasser für Ihren Gartenteich entnehmen Sie am besten der Wasserleitung. Es ist zwar nicht optimal, aber wenigstens immer gleich gut. Wasser, das Sie aus Regentonnen oder über Dachrinnen gesammelt haben, ist nicht geeignet. Nach starken Regengüssen hat es oft einen sehr niedrigen pH-Wert (ist also sehr sauer) und ist auch meist durch die ausgewaschenen Schmutzablagerungen vom Dach verschmutzt.

Das Licht

Sonnenlicht ist für Pflanzen und Tiere ausreichend. Für einen Teich in der Nähe der Terrasse empfehle ich eine kleine Leuchte für laue Sommerabende. Um die Lampe werden sich die lästigen Stechmücken versammeln und so uns Menschen verschonen.

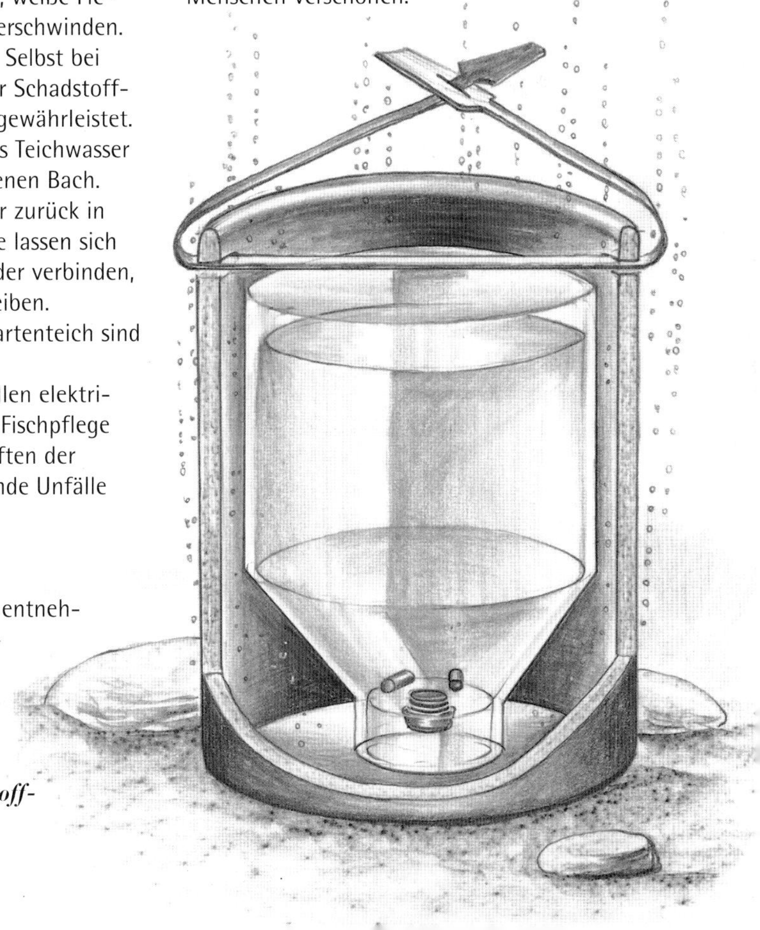

Der Oxydator dient der Sauerstoffversorgung des Teichwassers.

Goldfische und Goldorfen lassen keine unangenehmen Stechmücken gedeihen.

Der Bodengrund

Er hat im jeweiligen Teichtyp seine spezielle Aufgabe.

✔ Im gelben, gewaschenen Bausand oder Flusssand können beispielsweise die Muscheln leben, in die das Bitterlingsweibchen seine Eier ablegt (→ Seite 48).

✔ Sand und Kies der Körnung 1 bis 3 mm ist für Barsche geeignet.

✔ Kies der Körnung 3 bis 5 mm ist als Filtermedium oder für Bachläufe (→ Seite 38) gerade richtig.

✔ Teichpflanzen lieben ein Lehm-Ton-Sand-Gemisch im Gitterkorb.

Die häufig angebotenen »Teicherden« sind mit Vorsicht zu »genießen«. Oft ist die Zusammensetzung zu nährstoffreich. Magere Teichböden werden durch die Ausscheidungen der Fische automatisch »nachgedüngt«. Sollte das im speziellen Fall nicht ausreichen, dann lassen Sie sich im Fachhandel beraten.

Hinweis: Eine daumendicke Kugel mit natürlichem Guano in eine doppelte Lage Zeitungspapier wie einen Bonbon einpacken und dann neben die Seerosen in den Boden drücken. Das gibt den Seerosen »Blühkraft«. Aber Vorsicht, nicht zu viele Düngerbonbons eingraben, sonst freuen sich nur die Algen.

Pflanzen im Teich - wozu?

Die Pflanzen haben im Teich die gleichen Funktionen wie im Wald oder sonst in der Natur.

✔ Sie haben unterschiedliche Blattformen ausgebildet, um den verschiedenen Anforderungen ihrer Umgebung gerecht zu werden.

✔ Unterwasserblätter, etwa beim Zungenblättrigen Hahnenfuß (*Ranunculus lingua*), sorgen unter dem Eis für Schadstoffabbau und Sauerstoffproduktion. Die Pflanze hat eine ökologische Nische zum Überleben gefunden. Nach dem Absterben der Schwimmblätter in den oberen Wasserregionen lässt das Wasser genügend Helligkeit bis in tiefere Regionen dringen.

✔ Im Sommer strebt die Pflanze dann wieder dem Licht entgegen und sucht sich zwischen den Seerosenblättern einen »Durchschlupf«, um mit Überwassertrieben zu blühen.

So hat eine Pflanze zwei Strategien des Überlebens gefunden.

Selbstverständlich sind Schwimmblätter anders beschaffen. Die Blätter der Seerose sind in der Lage, mit der Unterseite Nährstoffe aufzunehmen; zudem entnehmen sie das lebensnotwendige CO_2 (Kohlenstoffdioxid) aus der Luft.

Sie können die Auswirkungen beobachten! Rund um Seerosenblätter werden Sie selten Algen feststellen. Die Seerose hält im Kampf um Nährstoffe die sonst übermächtigen Algen zumindest im Sommer im Zaum.

Ein weiterer Zusatznutzen ist die Abschattung. Der Teich bleibt kühler. Blätter sind aber auch Nahrung und Deckung für Fischbrut. Alternde, absterbende Blätter sind die Nahrung für die Futtertiere, die unterste Stufe in der Nahrungskette. Mikroorganismen, wie Glockentierchen und Rädertierchen, bilden die Nahrung für Wasserflöhe und Cyclops. Die wiederum werden von Fischen oder Libellenlarven gefressen.

Algen – Segen oder Plage?

Die Algen, die uns im Teich am meisten stören, sind grün und langfaserig. Sie werden immer dann störend überhand nehmen, wenn das vorhandene Nährstoffangebot nicht vom Blattwerk der Pflanzen aufgenommen wird. Im zeitigen Frühjahr oder in einem warmen Herbst vermehren sie sich fast bis zur Plage.

Warum? Die Algen sind wesentlich anpassungsfähiger als die Pflanzen. Sie arbeiten auch bei kürzerem Tageslicht und schöpfen das vorhandene Nahrungsangebot voll aus. Die Pflanzen hingegen haben sich schon auf den Winter eingerichtet.

Andererseits sind die Algen aber auch ein Segen, denn sie helfen mit, das Teichwasser zu entgiften.

Der Sumpfziest ist eine anspruchslose, aber attraktive Pflanze für das Sumpfbeet.

Wie bekämpft man die Algen?

✔ Mechanisch mit dem Rechen - ja! Aber dann auf die Fischbrut achten!
✔ Chemisch - nein! Wenn wir die Algen mit Mitteln bekämpfen, die auf ...-cid enden, töten wir sie ab. Die tote Biomasse bleibt aber im Teich. Nach kurzer Zeit wird sie von Bakterien und Pilzen in ihre Bestandteile zerlegt und bildet wieder Nahrung für neuen Algenwuchs.
✔ Algenhemmer: Dies sind Substanzen, die den pH-Wert des Wassers in den sauren Bereich unter pH 6,5 drücken. Dort behagt es den Algen weniger, der Wuchs wird vorübergehend eingedämmt. Allerdings fühlen sich auch viele Teichfische in saurem Wasser nicht wohl.

Bepflanzung eines Aufsitzteichs

Als Standort eignet sich eine Garagenmauer, die mit Echtem Wein bewachsen ist.
In den Flachwasserbereich passen Pfeilkraut (*Sagittaria sagittifolia*) oder Kardinalslobelie (*Lobelia cardinalis*).
In den Tiefwasserbereich setzen Sie einen Korb mit Weißer Seerose (*Nymphaea alba*). Außerdem wachsen dort Pfennigkraut (*Lysimachia nummularia*) und Quirliges Tausendblatt (*Myriophyllum verticillatum*).
Die Steinmauer als Abgrenzung zum Garten hin ist bewachsen mit blau blühendem Immergrün (*Vinca minor*) und Frauenmantel (*Alchemilla monticola*).
In das Beet vor der Steinmauer können Sie Margeriten (*Leucanthemum vulgare*), Akeleien (*Aquilegia vulgaris*) und Glockenblumen (*Campanula spec.*) setzen.

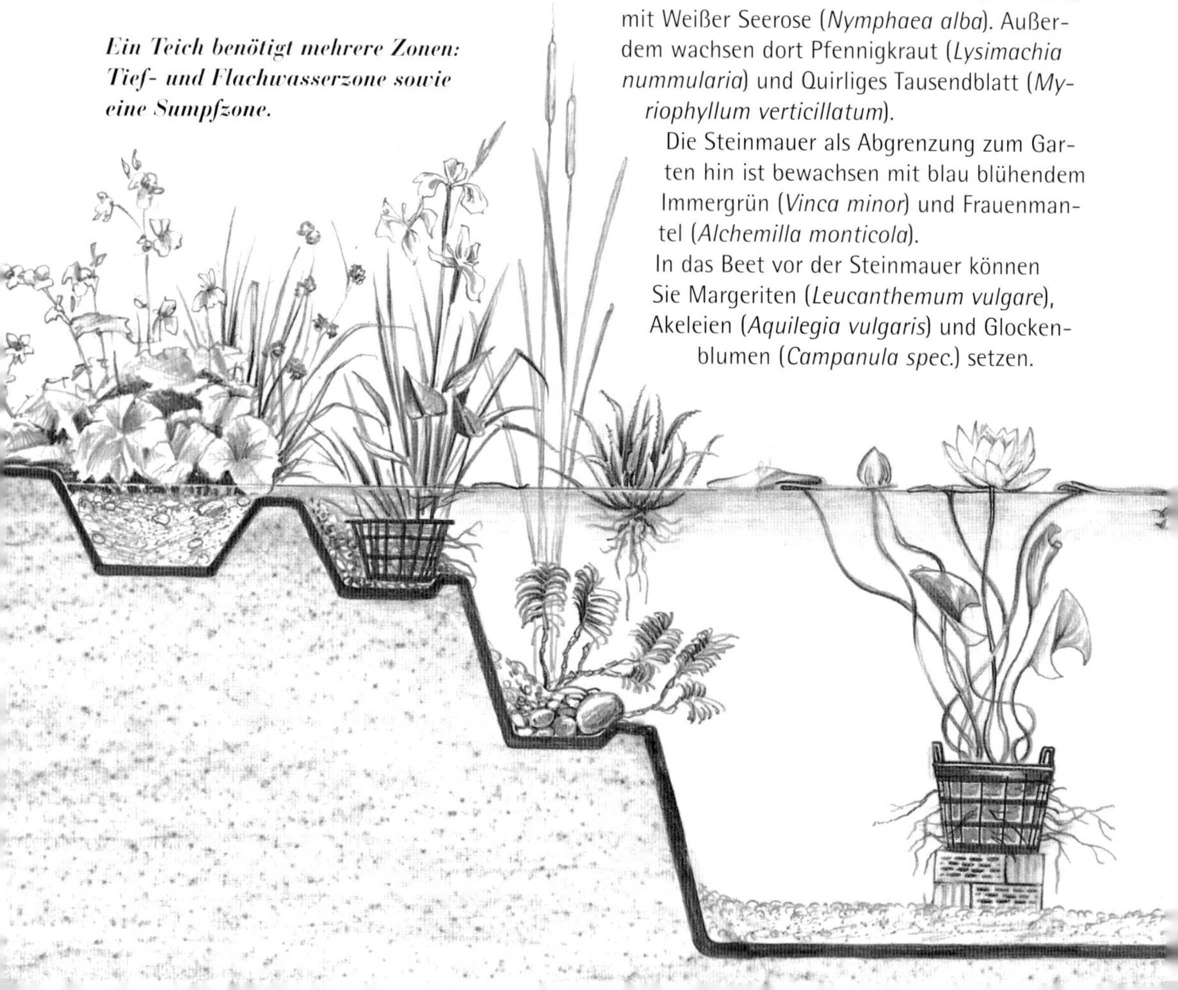

Ein Teich benötigt mehrere Zonen: Tief- und Flachwasserzone sowie eine Sumpfzone.

Pflanzen für den Gartenteich

Geeignete Pflanzen		Boden/Wassertiefe	Blüte	Größe	Bemerkungen
Kriechender Günsel (*Ajuga reptans*)	◗ ●	lehmig humos	V-VI, blass rosa bis weiß	20-25 cm	Bodendecker, mag keinen Kalk
Wiesenschaumkraut (*Cardamine pratensis*)	✳ ●	leicht saurer Boden	IV-V, zart lila	bis 30 cm	in Kleingruppen am Teichrand
Rispensegge (*Carex paniculata*)	✳ ●	feucht, kalkhaltiger Boden	V-VI, bräunlich	bis 100 cm	keine Staunässe, bildet Horste
Sumpfblutauge (*Potentilla palustris*)	✳ ●	saurer Boden erwünscht	VI-VII, purpur	15-30 cm	Bodendecker, Torfzusatz
Breitblättriges Wollgras (*Eriophorum latifolium*)	✳ ◗	kalkhaltiger Boden, 0-15 cm Wassertiefe	IV-V, weiß	bis 70 cm	dekorative Wollschöpfe
Wasserdost (*Eupatorium cannabium*)	✳	kalkhaltiger Boden	VII-IX, braun rosa	bis 150 cm	wuchernde Insektenweide
Mädesüß (*Filipendula ulmaria*)	✳ ◗	humoser, saurer Boden	VI-VII, weißlich gelb	bis 150 cm	duftende Blüten, rote Zuchtsorten
Sumpfstorchschnabel (*Geranium palustre*)	◗	feucht, 0-2 cm Wassertiefe	V-VIII, lila rötlich	bis 50 cm	ideale Randbepflanzung
Bachnelkenwurz (*Geum rivale*)	◗	leicht saurer Humus, nicht zu feucht	V-VII, rotbraun	70 cm	anspruchslos
Großblütiges Johanniskraut (*Hypericum calicynium*)	✳ ◗	Lehm-Sand-Gemisch	VII-VIII, dunkelgelb	40 cm	Bodendecker zur Uferbegrünung
Springkraut (*Impatiens noli-tangere*)	◗	neutral bis leicht saurer Boden	VII-IX, gelb	bis 130 cm	Samen werden weggeschleudert
Drüsiges Springkraut (*Impatiens glandulifera*)	◗	neutral bis leicht saurer Boden	VII-VIII, rosa	bis 200 cm	siehe Springkraut
Pfennigkraut (*Lysimachia nummularia*)	✳ ◗	von fast trocken bis 20 cm Wassertiefe	VI-VII, gelb	10 cm	Bodendecker, überwächst
Gilbweiderich (*Lysimachia vulgaris*)	✳ ◗	neutraler Uferboden	VI-VIII, goldgelb	bis 150 cm	wuchernd, robust
Blutweiderich (*Lythrum salicaria*)	✳	neutral, 0-40 cm Wassertiefe	VI-IX, rot	bis 150 cm	dekorative Staude

◗ = Halbschatten ● = Schatten ✳ = Sonne

Diesem üppig bewachsenen Teich sieht man nicht an, dass er ein künstliches Gewässer ist.

Bepflanzung eines Teichs, der nur morgens und abends besonnt ist

Hier als Beispiel die Bepflanzung eines meiner eigenen Teiche, eines Aufsitzteichs von 1000 l, die sich seit Jahren bestens bewährt hat.
Im Uferbereich im Hintergrund steht gelb blühender Topinambur (*Helianthus tuberosus*). Davor können Sie Funkie oder Herzlilie (*Hosta spec.*), Braunrote Akelei (*Aquilegia atrata*), Gewöhnliche Akelei (*Aquilegia vulgaris*) und Frauenmantel (*Alchemilla monticola*) pflanzen. Als Bodendecker ist das Immergrün (*Vinca minor*) zu empfehlen. Zeitig im Frühjahr setzt die blühende Blaue Netziris (*Iris reticulata*) Farbakzente. An einer Steinmauer wächst Pfennigkraut (*Lysimachia nummularia*). Das gelb blühende Pfennigkraut ist praktisch in jeder Gartenecke einsetzbar.
Für den Uferbereich eignet sich Gilbweiderich (*Lysimachia vulgaris*).
In den Flachwasserbereich setzen Sie Gemeinen Froschlöffel (*Alisma plantago-aquatica*), Wasserschwertlilie (*Iris pseudacorus*), Kalmus (*Acorus calamus*), Blutweiderich (*Lythrum salicaria*) und Sumpfziest (*Stachys palustris*).
Im Tiefwasser wachsen Seerosen (*Nymphaea spec.*) und Quirliges Tausendblatt (*Myriophyllum verticillatum*).

Fische für den Gartenteich

Leben bekommt Ihr Teich erst durch Fische. Einerseits erfüllen sie eine wichtige Funktion im Ökosystem Teich, indem sie beispielsweise durch ihre Ausscheidungen den Dünger für die Pflanzen liefern. Andererseits vermitteln sie uns mit ihren Verhaltensweisen einen Einblick in eine ansonsten verborgene Welt.

Wo bekommt man Fische für den Gartenteich?

Viele Kaltwasserfischarten werden heute zahlreich selbst in Baumärkten angeboten. Damit Sie aber keine Krankheiten in Ihren Teich einschleppen, kaufen Sie am besten im Zoofachhandel oder in einem Gartencenter mit einer Aquaristikabteilung, die das ganze Jahr über gut geführt wird. So genannte Saisonverkäufe sollten Sie meiden.
Selbstverständlich können auch überzählige Fische aus einem Ihnen als »gesund« bekannten Gartenteich aus dem Freundeskreis eine schöne Ergänzung für Ihren Bestand sein.
Fische für den Gartenteich dürfen Sie nicht der freien Natur entnehmen. Fische aus Köderfischbeständen oder Karpfenteichen sollten nicht in den Gartenteich gelangen. Die Gefahr, dass dadurch Krankheiten und Parasiten übertragen werden, ist viel zu hoch.
Achtung: Junge Teichfische, die im Herbst beim Abfischen großer Gewässer übrig bleiben, sollten Sie ohne eine längere Quarantäne (mindestens 4 Wochen) nicht in Ihren Gartenteich setzen (→ Seite 19).

Wichtiges zu Kauf und Transport

✔ Manche Arten fühlen sich nur im Schwarm wohl und sollten auch nur so gehalten werden.
✔ Setzen Sie nur Arten zusammen, die sich auch miteinander vertragen!

TIPP

Der Kräutergarten am Gartenteich

Nutzen Sie die Uferregion des Teichs als Kräuterparadies. Die Kräuter sind vielseitig in der Küche oder für Heilzwecke einsetzbar.
Hier ein Pflanzbeispiel, von meiner Frau empfohlen:
Auf der sonnigen Seite: Lavendel (*Lavandula angustifolia*), Echter Salbei (*Salvia officinalis)*, Rosmarin (*Rosmarinus officinalis*), Gartenthymian (*Thymus vulgaris*), Zitronenmelisse (*Melissa officinalis*), Echte Pfefferminze (*Mentha piperita*).
Der Gundermann (*Glechoma hederacea*) dient als Bodendecker.
Falls Brennnesseln wachsen, sollten Sie diese stehen lassen. Sie sind nicht nur gut für Schmetterlinge, sondern auch sehr delikat in Suppen und als Gemüse.
Auf der etwas schattigeren Seite: Gilbweiderich (*Lysimachia vulgaris*), Blaue Wieseniris (*Iris sibirica*), Wasserschwertlilie (*Iris pseudacorus*) am Ufer und im Flachwasser sowie Blaue Netziris (*Iris reticulata*).
Bärlauch (*Allium ursinum*) und Schnittlauch (*Allium schoenoprasum*) schmecken gut aufs Butterbrot.
Im Wasserbereich: Seerose (*Nymphaea spec.*).
Im Flachwasser: Fieberklee (*Menyanthes trifoliata*), Wasserähre (*Aponogeton distachyos*), Kardinalslobelie (*Lobelia cardinalis*), Pfeilkräuter (*Sagittaria sagittifolia* oder *Sagittaria latiphylla*).

✔ Sagen Sie dem Verkäufer, dass Sie sicher länger unterwegs sind. Er wird dann weniger Fische pro Beutel verpacken. Große Fische am besten einzeln im Beutel transportieren.

✔ Lassen Sie die Beutel nur zur Hälfte mit Wasser füllen. Transportieren Sie die Beutel liegend und dunkel. Die Wasseroberfläche – die Berührungsebene von Luft und Wasser – ist dann größer, so kann sich während des Transports das Wasser wieder etwas mit Sauerstoff anreichern.

✔ Erkundigen Sie sich nach der Wassertemperatur im Hälterungsbecken.

✔ Fragen Sie nach, womit die Fische im Aquarium gefüttert wurden. Kaufen Sie am besten gleich das gewohnte Futter und ein Wasseraufbereitungsmittel dazu. Das erleichtert das Eingewöhnen in der neuen Umgebung.

Gesunde Gartenfische – woran erkennt man sie?

✔ Die Fische stehen ruhig im Wasser mit dem Kopf gegen die Strömung.

✔ Beim Nähertreten ans Aquarium zieht sich entweder der ganze Schwarm ohne Hektik zurück oder alle Tiere betteln an der Futterecke (Goldfische und Kois).

✔ Die Augen sind klar.

✔ Die Schleimhaut der Fische ist transparent, nicht weiß.

✔ An den Flossenspitzen sieht man keinerlei Pünktchen.

✔ Die Flossenränder sind gerundet – nicht ausgefranst.

✔ Die Atmung ist gleichmäßig, ohne hektisch zu wirken.

✔ Die Fische weisen keine offenen Stellen am Körper auf – fehlende Schuppen haben meist nichts zu bedeuten.

Einsetzen in den Teich

Den geschlossenen Beutel mit den neuen Fischen lassen Sie zirka 15 Minuten auf der Wasseroberfläche treiben. Dadurch kann sich die Temperatur im Beutel am besten der Temperatur im Teich angleichen.

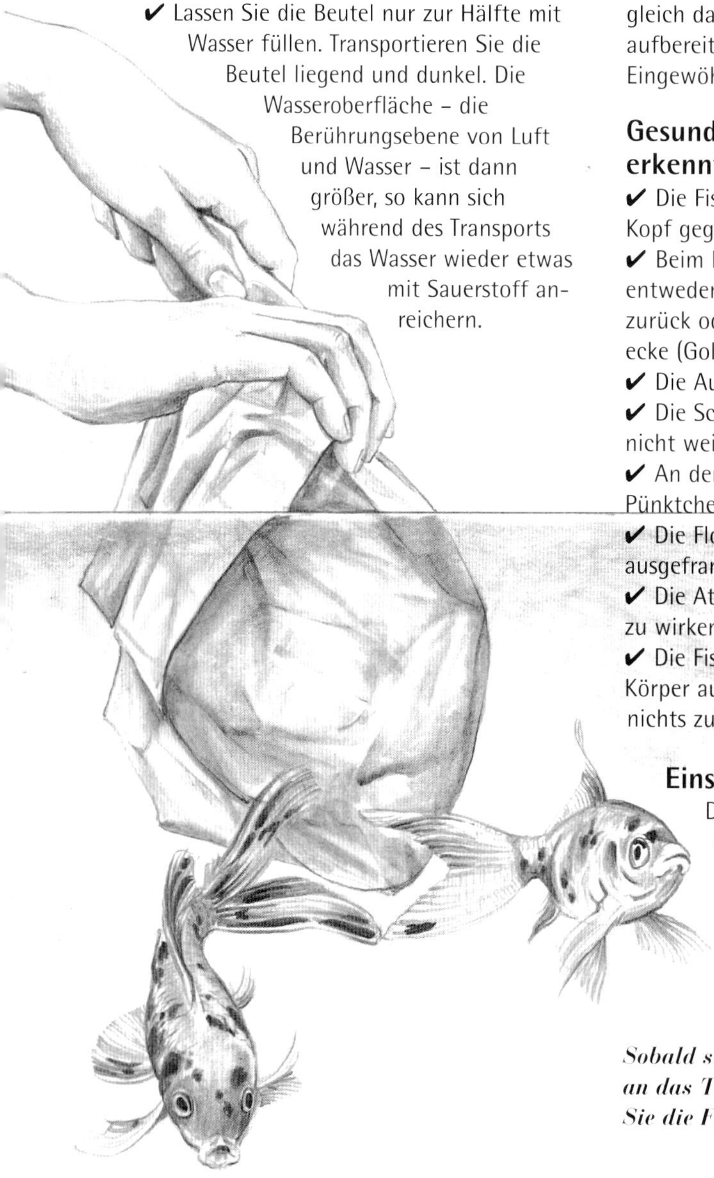

Sobald sich die Wassertemperatur im Beutel an das Teichwasser angeglichen hat, lassen Sie die Fische herausschwimmen.

Danach öffnen Sie den Beutel vorsichtig und füllen ihn langsam mit Teichwasser. Jetzt den Beutel neigen und die Fische langsam herausschwimmen lassen, nicht einfach umkippen! **Wichtig:** Der Beutel darf keineswegs in den Sonnenteil des Teichs treiben. Er würde zu stark aufgeheizt! Hitzschlaggefahr droht!

Das Quarantäneaquarium

Als Quarantäneaquarium bietet sich ein 100-Liter-Aquarium an. Das Becken benötigen Sie,

✔ um die Fische aus dem wärmeren Aquarium des Zoofachhandels an die niedrigeren Temperaturen in Ihrem Teich zu gewöhnen.

✔ um die Fische auf ihren Gesundheitszustand überprüfen zu können, weil sie aus einem Gewässer stammen, von dem Sie wenig wissen.

✔ um Teichfische behandeln zu können, die beispielsweise eine Bissverletzung durch eine Katze oder einen Reiher haben.

Bei Krankheiten (→ Seite 44) muss normalerweise immer der ganze Fischbestand im Teich behandelt werden.

Sollten Sie aber trotz aller Vorsicht feststellen, dass Sie sich kranke Fische eingehandelt haben, dann müssen diese natürlich in dem Quarantäneaquarium behandelt werden.

Meist handelt es sich um Schwächeparasiten, also um Pilze, die auf der Hautoberfläche sitzen. Leider sind die Erreger im Frühjahr verkapselt. Sie beeinträchtigen das Wohlbefinden des Fisches im Augenblick noch nicht. Sowie aber die Temperaturen steigen, würde die Krankheit im Teich ausbrechen und Ihren gesunden Fischbestand anstecken. Ich empfehle in solchen Fällen die Saunamethode (→ Seite 45).

In jedem Fall sollte die Quarantäne mindestens 4 Wochen dauern.

<u>So wird's gemacht:</u>

✔ Das Aquarium kann im Haus praktisch überall stehen. Der Platz sollte ruhig gewählt wer-

Checkliste
Beim Kauf beachten

1 **Im Zoofachhandel und führenden Gartencentern kaufen. Dort wachen ausgebildete Fachkräfte über die Gesundheit der Fische.**

2 **Nur aus klaren Aquarien kaufen, in die Sie von vorne Einsicht haben. Von oben können Sie die Gesundheit der Fische nur sehr schwer beurteilen.**

3 **Das Geschäft mehrmals zu verschiedenen Zeiten besuchen, bevor Sie kaufen.**

4 **Am besten montags am zeitigen Vormittag kaufen. Nach dem Wochenendstress gewinnen Sie den besten Eindruck über die Gesundheit der Fische und die Qualität der Hälterungsbedingungen.**

5 **Liegt die Wassertemperatur draußen unter 12 bis 15 °C, dann ist der Temperaturunterschied zu den Verkaufsaquarien (meist zirka 23 °C) zu hoch. In diesem Fall die Fische in einem Quarantäneaquarium (→ Seite 19) langsam an die tiefere Temperatur gewöhnen. Das dauert etwa 1 Woche.**

den, aber doch so, dass er stets im Blickfeld der Beobachtung liegt. Aber Vorsicht: Aus einem Quarantäneaquarium wird sehr leicht ein schönes Aquarium als feste Einrichtung.
Stellen Sie das Becken auf Styropor als Unterlage, am besten auf zwei U-Steine.

✔ Auch ein überdachter Platz auf der Terrasse ohne Sonneneinstrahlung ist bestens geeignet. In der Sonne heizt sich das Wasser zu stark auf, und Sie sehen vor lauter Algen an den Scheiben im Aquarium nichts mehr. Den Fischen machen die Algen nichts aus.

✔ Als Filter eignet sich jeder Aquarienfilter. In der Wohnung ist ein handelsüblicher Topffilter mit biologischem Filtermaterial bestens geeignet. Watte ist für Kaltwasserfische ungeeignet. Viele Fische sondern beim Heilungsprozess Schleimhautfetzen ab, wodurch der Filter in kürzester Zeit zugesetzt würde. Lassen Sie sich dazu von Ihrem Zoofachhändler beraten.
Wichtig: Im Quarantäneaquarium möglichst wenig Strömung erzeugen!
Auf der Terrasse rate ich aber zu einem Kiesfilter (→ Seite 58), denn die starke Strömung vieler Filter würde die Fische nur noch zusätzlich schwächen. Müssen Sie Medikamente verabreichen, ist deren Dosierung bei der vergleichsweise geringen Wassermenge einfacher. Beachten Sie bitte genau die Mengendosierung auf der Packungsbeilage!

✔ Unbedingt notwendig ist der Oxydator, da die meisten Verletzungen die Schleimhaut der Fische betreffen, ein wichtiges Atmungsorgan. Hohe Sauerstoffkonzentration ohne Strömung erleichtert den Fischen die Kiemenatmung und unterstützt so die Heilung.

✔ Einige abgerundete Steine und - hier als Ausnahme - für die kurze Zeit der Quarantäne eine Dekoration mit Plastikpflanzen als Unterschlupf erleichtern den »Patienten« das Eingewöhnen. Echte Pflanzen könnten ohne Licht nicht leben und würden nach dem Absterben nur das Wasser des Quarantänebeckens beeinträchtigen.

✔ Als Schutz gegen das Herausspringen oder gegen Nachbars Katze gibt es ein Katzenschutznetz (in den Katzenabteilungen der meisten Zoofachgeschäfte erhältlich). An den 4 Enden mit Steinen beschwert, liegt das Netz straff über dem Aquarium, auch wenn es durch Regen oder Spritzwasser feucht und schwer werden sollte.

✔ Als Futter empfehle ich in jedem Fall Flockenfutter, wie es für Warmwasserfische üblich ist. Es sinkt nicht so leicht zu Boden, und Sie können dadurch einfacher kontrollieren, ob das Futter überhaupt gefressen wird. Keinesfalls Sticks oder Teichfutter für draußen verwenden, dieses Futter ist zu schwer verdaulich oder hat zu viele, sonst allerdings notwendige Ballaststoffe. Die Quarantänefische sind dann schlechter pflegbar. Lassen Sie sich im Zoofachhandel beraten.

Bei allen Fischen entstehen durch Launen der Natur immer wieder Goldvariationen, wie auch bei der Rotfeder.

Der Koi ist der König der Gartenteichfische. Er wird zahm und frisst aus der Hand.

Soforthilfe bei Pannen rund um die Fische

Schaum auf dem Wasser: Zu viel gefüttert; Fütterung vorübergehend einstellen, ein Drittel des Wassers wechseln.

Fische schießen im Teich umher: Beginnende Vergiftung durch eingeschwemmten Dünger oder Herbizide; zwei Drittel des Wassers wechseln, Wasser aufbereiten.

Tote Fische liegen am Teichrand: Meist war das eine Katze; im Zoofachhandel Katzenfernhaltestoffe kaufen, so genannte »Reppers«.

Fische schwimmen langsam, stoßen am Rand an: Vergiftung durch ungeeignetes Teichbaumaterial, aber auch durch Kunstdünger, der in den Teich geschwemmt wurde; ganz langsam Wasser überlaufen lassen, Gartenschlauch am Ende beschweren, damit das Frischwasser von unten hoch steigt und sich das Wasser langsam austauschen kann. Fische in Ruhe lassen, nicht herausfangen.

Fische blinken auf beim Schwimmen, legen sich auf die Seite, scheuern sich: Beginnende Pilzinfektion oder andere Hautparasiten; im Zoofachhandel Pilzmittel besorgen, Parasiten absammeln und Wunden behandeln (→ Seite 47).

Wichtig: Bevor Sie etwas am Teich unternehmen, erst den Netzstecker ziehen!

PRAXIS ARTENTEICH

Bei einem Artenteich wird nur eine Art Teichbewohner in seinem typischen Biotop gepflegt. Dazu können noch andere Mitbewohner gehören, die auch in der Natur zusammen leben oder gar aufeinander angewiesen sind. Das Ziel ist artgerechte Haltung und Nachwuchs.
Im Gegensatz dazu wird der Zuchtteich (→ Seite 58) nur für kurze Zeit eingerichtet und die Fische nur zum Ablaichen und Aufziehen der Jungen dort eingesetzt.

Der Bitterlingsteich

Teichgröße: Leichter zu pflegen und gut einzurichten sind kleinere Teiche von zirka 1000 l. Die handelsüblichen Fertigteiche mit 80 cm Wassertiefe sind hierzu bestens geeignet. Der Teich kann ganz oder teilweise in den Boden eingelassen werden.

Standort: Halbschattig.

Bodengrund: Im Tiefwasserbereich eine 10 cm tiefe Schicht gut gewaschener Flusssand als Lebensraum für die Muscheln. Weißer Quarzsand ist zu hell.

Bepflanzung: Als Unterwasserpflanzen empfehle ich zwei Gitterkörbe, bepflanzt mit Kanadischer Wasserpest (*Elodea canadensis*), Quirligem Tausendblatt (*Myriophyllum verticillatum*) und Krausem Laichkraut (*Potamogeton crispus*). Zungenblättriger Hahnenfuß (*Ranunculus lingua*) und Rohrkolben (*Typha spec.*) wachsen über den Wasserspiegel heraus.

Wichtig: Hornblatt (*Ceratophyllum spec.*) oder Wasserschlauch (*Utricularia vulgaris*) sind ungeeignet. Sie ernähren sich von tierischen Mikroorganismen und wären unter Umständen Nahrungskonkurrenten der Muscheln.
Für die Randbepflanzung im Flachwasserbereich → Tabelle Seite 15.

Technik: Die lebenden Muscheln sind die besten Filter. Außer einer schwachen Belüftung (→ Seite 10) ist keine Technik notwendig.

Wichtig: In einen Bitterlingsteich darf kein Oxydator. Seine keimtötende Wirkung würde auch viele Mikroorganismen beeinträchtigen, die den Muscheln als Nahrung dienen.

Besatzempfehlung: 10 bis 15 Muscheln halten 1 m^3 Wasser klar und bieten 3 Pärchen Bitterlingen ein ideales Brut- und Aufzuchtrevier.

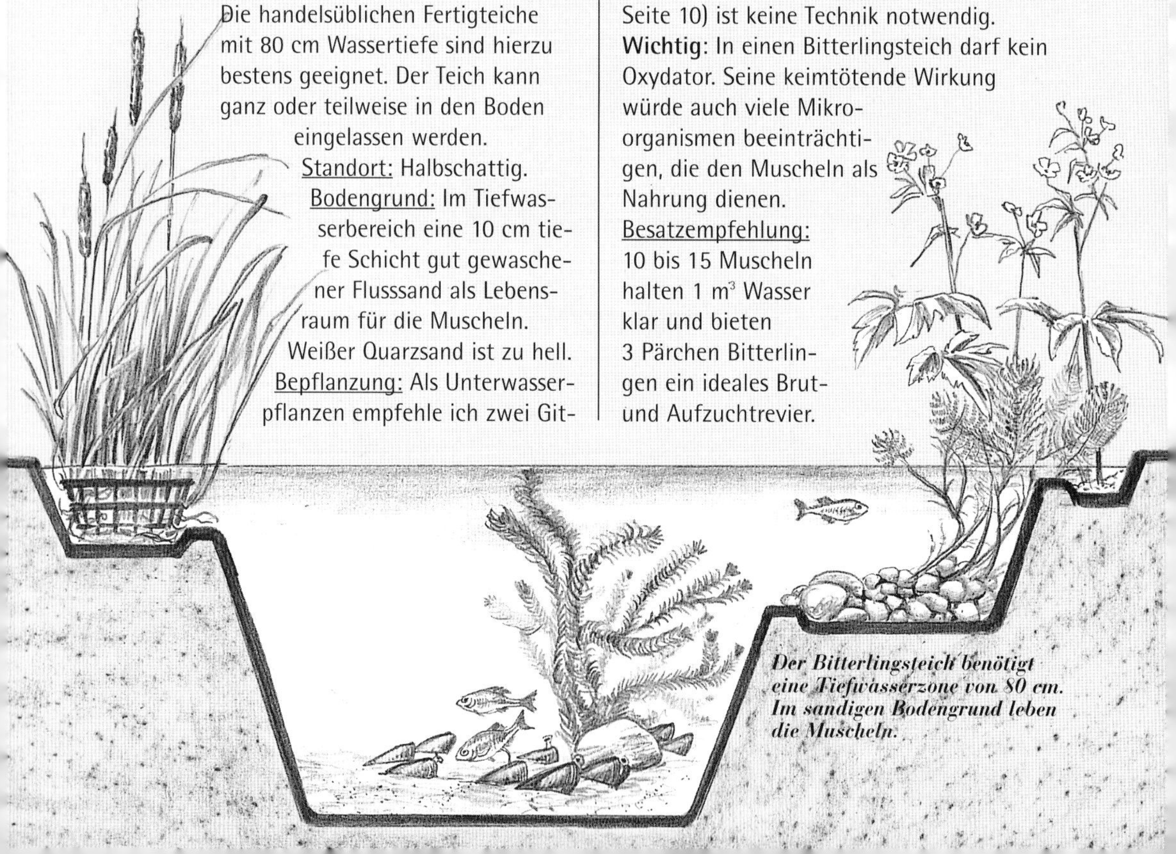

Der Bitterlingsteich benötigt eine Tiefwasserzone von 80 cm. Im sandigen Bodengrund leben die Muscheln.

Der Stichlingsteich

Der Stichling ist ungeheuer anpassungsfähig und hat fast jede Wasserpfütze besiedelt. Selbst in stark belasteten Abwässern oder in Salzwasser kann er überleben und sich fortpflanzen.

Beim Dreistachligen Stichling ist das Männchen während der Balz im Kopfbereich leuchtend rot gefärbt. Die Art ist für den Artenteich gut geeignet, denn sie zeigt ein interessantes Brutverhalten.

Teichgröße: Etwa 500 l.

Standort: Sonnig.

Bodengrund: Im Tiefwasserbereich, 60 cm sind ausreichend, eine 5 cm tiefe Schicht gut gewaschener Flusssand. Weißer Quarzsand ist zu hell. 2 bis 3 Gesteinsgruppen aus faustgroßen und kleineren Kieselsteinen bieten den Stichlingen die Möglichkeit, Brutreviere einzurichten, die sie dann gegen Eindringlinge recht vehement verteidigen.

Bepflanzung: Ich empfehle einen Gitterkorb mit einer Seerose (*Nymphaea spec.*) und einen zweiten mit Kanadischer Wasserpest (*Elodea canadensis*), Quirligem Tausendblatt (*Myriophyllum verticillatum*) und Krausem Laichkraut (*Potamogeton crispus*). Bepflanzung im Flachwasserbereich, → Tabelle Seite 15. Zusätzlich sollte ein Büschel Gemeines (*Ceratophyllum demersum*) oder Zartes Hornkraut (*C. submersum*) ins Wasser gelegt werden. Blattstücke davon braucht der Stichling zum Nestbau. Das Hornkraut wuchert kräftig und sorgt für klares Wasser und geringen Algenwuchs – somit für gutes Beobachten.

Technik: Eine kräftige Belüftung und die daraus entstehende Strömung nach oben sind wichtig für den Stichlingsteich. Ein Oxydator sorgt für zusätzlichen Sauerstoff.

Zuchthinweise: Stichlinge laichen nur nach kühler Überwinterung (4 bis 8 °C) und anschließender guter Fütterung mit Lebendfutter.

Freilandaquarium für Stichlinge

Standort: Halbschattig.

Technik und Bodengrund: Bodenfilter (→ Seite 58) in einer 10 cm dicken Kiesschicht.

Bepflanzung: Kanadische Wasserpest, Hornkraut, jede Art von Laichkräutern sowie Wasserknöterich (*Polygonum amphibium*).

Uferbepflanzung und Flachwasser, → Seite 15.

Besatzempfehlung: In ein Biotop dieser Größe sollten Sie nicht mehr als 2 Männchen und 5 bis 7 Weibchen einsetzen.

Im Stichlingsteich sind Steine wichtig zur Revierabgrenzung.

Zwerg- oder Neunstachliger Stichling.

Ein Pärchen Bitterlinge.

Zwergstichling

Pungitius pungitius (→ Foto Seite 24)
Größe: 5-7 cm, maximal 9 cm.
Vorkommen: In pflanzenreichen, flachen Gewässern, auch in brackigen Gewässern.
Aussehen: Heißt wegen 7-12 (meist 9) Stacheln auch Neunstachliger Stichling. Etwas schlanker als Dreistachliger Stichling. Männchen zur Laichzeit mit schwarzer Kehle und Brust, Bauchflossen orange; ältere Männchen fast ganz schwarz.
Wasserwert: Wie Dreistachliger Stichling.
Temperatur: 6-20 °C.
Futter: Wie Dreistachliger Stichling.
Verhalten: Friedfertig. Meist in Bodennähe lebend. Baut Nest nicht am Boden, sondern zwischen Wasserpflanzen.

Europäischer Bitterling

Rhodeus sericeus amarus (→ Fotos Seite 24, 48, 53)
Größe: 6-8 cm.
Vorkommen: In Seen und langsam fließenden Gewässern mit Sandboden.
Aussehen: In der Laichzeit ist das Männchen kräftig gefärbt mit Laichausschlag in der Kopfregion. Das silber glänzende Weibchen besitzt eine bis zu 4 cm lange Legeröhre.
Wasserwert: Um pH-Wert 7 (neutraler Bereich).
Temperatur: 6 bis höchstens 23 °C.
Futter: Für die Fische Flockenfutter, Plankton, Lebendfutter aller Art. Für die Muschel zermahlene Futtertabletten oder flüssiges Plankton, das man durch ein Glasröhrchen in die Nähe der Atemöffnung rieseln lässt.
Verhalten: Bitterlinge legen die Eier in lebende Fluss- oder Malermuscheln. In deren Obhut wachsen die Jungtiere heran, bis sie etwa 5-8 mm lang sind.

Die Elritze mag grobsandigen Boden.

Dreistachliger Stichling.

Die Elritze liebt Wasser mit Strömung.

Dreistachliger Stichling

Gasterosteus aculeatus (→ Fotos Seite 4/5, 25, 52)
Größe: 6-8 cm, in Ausnahmefällen bis 10 cm.
Vorkommen: In fast allen Gewässern.
Aussehen: Männchen auffällig rote Kopfpartie mit blaugrün leuchtender Iris, Körper manchmal bis smaragdgrün. Weibchen silbrig glänzend, zur Paarungszeit durch die Eier mit kräftig geschwollenem, gelblich glänzendem Leib.
Wasserwert: Von pH-Wert 6,5 bis Salzwasser.
Temperatur: 4-20 °C.
Futter: Erwachsene Tiere brauchen Lebendfutter jeder Art (→ Seite 43). Jungtiere lassen sich an die herkömmlichen hochwertigeren Flockenfuttersorten gewöhnen (im Fachhandel erhältlich). Sie wachsen dann langsamer.
Verhalten: Der Stichling bildet »Vaterfamilien«, er baut Nester und betreibt Brutpflege (→ Seite 54). Außerhalb der Brutsaison ist der Stichling ein ziemlich friedlicher Schwarmfisch. Er lauert unter Blättern auf lebende Beute. Lieblingsspeise sind Kaulquappen, deshalb nie in Laichgewässer für Lurche auswildern.

Elritze oder Pfrille

Phoxinus phoxinus (→ Fotos Seite 24, 25, 53)
Größe: 6-8 cm.
Vorkommen: In Gewässern mit klarem, sauerstoffreichem Wasser bis in 2500 m Höhe.
Aussehen: Die Farben können stark variieren. Außer an der etwas fülligeren Körperform sind die Geschlechter schwer zu unterscheiden. Männchen und Weibchen können Laichausschlag bekommen.
Wasserwert: Klares, stark bewegtes, sauerstoffreiches Wasser.
Temperatur: Nicht über 20 °C (Halbschatten).
Futter: Elritzen nehmen Flockenfutter. Frostfutter (vorher aufgetaut) ist ein Leckerbissen. Für Lebendfutter aus der Regentonne sind sie besonders dankbar (→ Seite 43). Staubfeines Plankton für frisch geschlüpfte Jungfische.
Verhalten: Friedlicher Schwarmfisch, mindestens 6 bis 8 Tiere als Schwarm halten. Gut geeignet für Gesellschaftsteiche als Fisch der oberen Wasserregionen. Elritzen laichen nach kalter Überwinterung im Flachwasser (Wasserstand 10-15 cm) ab.

Kindersicherer Teich

Sobald der Teich fest steht, schneiden Sie ein stabiles Baustahlgitter, Gitterweite 10 cm, so zu, dass es genau über den ganzen Teich bis in die Flachwasserzone passt. Das Gitter soll später in der Flachwasserzone aufliegen und den ganzen Teich kurz unter der Oberfläche überdecken.

Rost ist nicht gefährlich, Sie können das Gitter aber auch verzinken lassen. Es gibt auch mit Kunststoff ummantelte Gitter; es ist aber schwierig, die Schnittstellen vor Rost zu sichern.

Nach dem Einrichten des Teichs legen Sie das Gitter in die richtige Position und beschweren es mit einigen Kieselsteinen. Verwenden Sie auch Steine mit rauer Struktur, auf denen trinkende Vögel nicht abrutschen. Granit oder roter Porphyr passen besonders gut. Die Randsteine erleichtern auch Fröschen und Kröten den Einstieg zur Laichablage. Die Pflanzen im Flachwasserbereich überwachsen das Gitter und die groben Steine.

Beim Aufsitzteich, einem auf die Erde gesetzten Fertigteich, entfällt beim Beobachten das Bücken.

Der Kinderteich

Als Kinderteich bezeichne ich einen Teich, bei dem Kinder mit der »Nase« nah am Geschehen sind. Ideal sind Hangteiche oder Teiche, die auf dem Boden aufsitzen. Die Kinder können mindestens von einer Seite herantreten und im Wasser genau beobachten, was sich alles abspielt. Es eignen sich dazu alle Fertigteiche mit einer umlaufenden Flachwasserzone.

Einrichten des Teichs

Bodengrund ist nicht nötig! Gegenüber der Stelle, wo später die Kinder an den Teich herantreten, platzieren Sie einen großen Gitterkorb. Nehmen Sie den größten, den Sie bekommen können, und pflanzen Sie eine Seerose an den Rand des Korbs in ein Lehm-Ton-Gemisch. Auf den freien Platz auf dem Korb neben der Seerose stellen Sie kleinere Körbe (zu Pflanzempfehlungen → Seite 15).

Technik im Kinderteich

✔ Eine kräftige Belüftung (→ Seite 10) ist besonders wichtig. Die Luftpumpe muss immer laufen, Sommer wie Winter – Tag und Nacht durchgehend.

✔ Ein Oxydator hat wegen des Gitters keinen Wert.

✔ Wegen des Gitters ist nur ein Außenfilter möglich, ein Tauchfilter kann nicht in den notwendigen Intervallen gereinigt werden.

Hinweis: Über einen Bachlauf lässt sich der Kinderteich bequem mit anderen Teichen verbinden und mit filtern (→ Seite 38, 41).

✔ Als Besatz schlage ich auf 1000 l 5 Goldfische und 5 Goldorfen oder 7 bis 10 Moderlieschen vor.

Wichtig: Lassen Sie die Kinder ihre Fische selbst aussuchen. Sie wollen ihre Fische leicht identifizieren können und ihnen Namen geben. Kinder lieben vor allem Schleierschwänze, eine Zuchtform der Goldfische! Sie haben eine langsamere und oft unbeholfene Schwimmweise. Größere Tiere lassen sich streicheln.

Achtung: Zahme Fische nicht mit den Händen greifen lassen.

Der in den Hang gebaute Teich ist für Kinder ideal, denn an der Talseite ergibt sich eine Stelle, wo sie nah an die Wasserfläche herantreten können.

Moderlieschen – friedliche Schwarmfische.

Zwei junge Kometen-Goldfische.

Moderlieschen

Leucaspius delineatus (→ Foto Seite 28)
Größe: 6-8 cm.
Vorkommen: Kleine stehende oder langsam fließende Gewässer.
Aussehen: Silber glänzend mit bläulichem Schimmer. Die Geschlechter sind kaum zu unterscheiden, die Männchen sind aber meist kleiner und schlanker.
Wasserwert: Stabiler pH-Wert 6,5–7,5.
Temperatur: Nicht über 20 °C.
Futter: Gutes Flockenfutter aller Art, Lebendfutter aus der Regentonne.
Verhalten: Das Moderlieschen muss im Schwarm von mindestens 15 Tieren gepflegt werden. Die Männchen betreiben Brutpflege.

Goldfisch

Carassius auratus (→ Fotos Seite 12, 28, 55, 56, 57)
Größe: Bis 30 cm.
Vorkommen: Seine Heimat ist China, er wurde vor langer Zeit aus dem Silbergiebel – *Carassius auratus gibelio* – gezüchtet.
Aussehen: Das Männchen ist schlanker und hat während der Laichzeit einen weißen Laichausschlag auf den Kiemendeckeln. Der »normale« Goldfisch kommt schwarz auf die Welt und färbt sich über Gold zu Rot und Weiß. Der »Harlekin« hat als einziger die Anlage zu Blau in sich und kommt bereits farbig gezeichnet zur Welt.
Wasserwert: Anspruchslos.
Temperatur: Bis 28 °C.
Futter: Nimmt alle Arten von Futter.
Verhalten: Friedlicher Schwarmfisch. Damit die Weibchen gut Laich ansetzen, sollten die Goldfische mindestens 4-6 Wochen kalt überwintern. Zur Zucht → Seite 56.

Die Posthornschnecke, ein Algenvernichter.

Die Goldorfe kommt oft an die Oberfläche.

Koi oder Japanischer Farbkarpfen.

Orfe, Goldorfe oder Silberorfe

Leuciscus idus (→ Fotos Seite 12, 29)
Größe: 20 cm, in Ausnahmefällen bis zu 60 cm.
Vorkommen: In ganz Europa, sogar im Brackwasser der Ostsee. Bevorzugt Gewässer mit Strömung.
Aussehen: Die Männchen sind schlanker und bekommen zur Laichzeit im April bis Juni einen Laichausschlag.
Wasserwert: Hat höheren Sauerstoffbedarf; pH-Wert 7, also neutral, oder höher.
Temperatur: Liebt etwas kühlere Temperaturen, nicht über 25 °C.
Futter: Anspruchsloser Allesfresser. Da die Orfe nach allem schnappt, was ins Wasser fällt, bitte nicht nur mit Sticks oder sonstigem Pressfutter füttern, es könnte sonst zu Verdauungsstörungen kommen.
Verhalten: Pflanzt sich nur in sehr großen Teichen fort, da die Orfe nur voll erwachsen im Schwarm ablaicht. Als Oberflächenfisch ernährt sich die Orfe gern von Anfluginsekten. Sie hält so den Teich weitgehend frei von lästigen Stechmücken.

Koi

Cyprinus carpio (→ Fotos Seite 21, 29, 52)
Größe: In seltenen Fällen bis zu 1 m.
Vorkommen: Der Koi wurde in Japan aus der Wildform des Karpfens gezüchtet.
Aussehen: Schlanker Körper, auffällige Farben. Das schlankere Männchen hat zur Laichzeit einen schwachen Laichausschlag im Kopfbereich.
Wasserwert: Neutrale Wasserwerte, pH-Wert 6,5-7,5. Der Koi ist anpassungsfähig, solange sich die Wasserwerte langsam verändern. Braucht klares und sauerstoffreiches Wasser.
Temperatur: 6-23 °C. Kois vertragen auch höhere Temperaturen, magern dann aber ab und werden anfällig für Pilzerkrankungen.
Futter: Wie Karpfen fast Allesfresser. Um aber zu voller Farbenpracht heranzuwachsen, ist ein genau auf seine Bedürfnisse abgestimmtes Koi-Futter unabdingbar.
Verhalten: Schwarmfisch. Eine Zucht ist in Gartenteichen in den meisten Fällen nicht möglich. Da Kois gern gründeln, sollte der Bodengrund aus Sand bestehen. Kois werden leicht zahm und fressen aus der Hand.

PRAXIS FREILANDAQUARIUM

Das Freilandaquarium ist so alt wie Aquarien. Früher waren Aquarien lange nicht so bequem dicht zu bekommen wie heute. Was lag also näher, als das undichte Rahmen-Aquarium in einer schattigen Ecke des Gartens aufzustellen, wo es keine Rolle spielte, wenn es tropfte. Das fehlende Wasser ergänzte man jeden Tag. Schon damals wurde an 3 Seiten Erde angehäuft – als Isolation gegen ungewolltes Aufheizen im Sommer.
Ein in einen Hang eingebettetes möglichst großes Ganzglas-Aquarium ist dazu ideal. Eine Sitzbank davor erlaubt den Einblick ins Aquarium.

Bau des Freilandaquariums

1. Den Hang rund um den gedachten Standplatz ungefähr 25 cm weiter und 10 cm tiefer abgraben, als das Freilandaquarium groß ist.

2. Mit einer Kelle den Boden ebnen.

3. Das Aquarium ruht auf zwei Balken (8 x 8 cm), einer vorne, einer an der Rückfront. Zwei Dachlatten (25 x 40 mm) an den Seiten stabilisieren den Abstand der Balken. Gut geeignet ist auch eine Palette. Sie wird mit der Wasserwaage ausgerichtet, die Zwischenräume werden mit Sand verfüllt.

4. Eine 10 mm starke Styroporplatte zwischen Aquarium und Unterbau gleicht Unebenheiten aus. Nur links und rechts etwas Styropor senkrecht, damit eine mögliche Trockenmauer nicht an den Scheiben anliegt.

5. Freistehende Glaskanten mit Kunststoffprofilen gegen mechanische Beschädigungen schützen (Baustoffhandel), sie werden mit Silikon festgeklebt.

Ein optimal eingepasstes und eingewachsenes Freilandaquarium bereichert jeden Garten.

6. Ein stabiles Gitter als Abdeckung über dem Wasserspiegel macht das Aquarium, wenn nötig, kindersicher (→ Seite 27).

Den Hang stabilisieren

Ich empfehle eine Hangneigung von 65° gegen das Abrutschen der Erdschüttung.

✔ Der Hang links und rechts lässt sich am leichtesten mit Vulkan-Tuff-Elementen stabilisieren. Tuff ist leicht und einfach zu bearbeiten. Lassen Sie sich im Gartencenter beraten.

✔ Auch Palisaden sind geeignet. Den noch vorhandenen Zwischenraum mit gesiebtem Humus oder Bausand auffüllen, es dürfen keine Steine im Füllmaterial sein. Nicht festtreten, sondern sich einfach setzen lassen.

Technik

✔ Die Sauerstoffpumpe wird an einem trockenen Ort (Schuppen, Garage, Kellerschacht) aufgehängt, sie darf keine Gartenluft ansaugen, sonst rostet sie sehr schnell. Den Verbindungsschlauch passgenau im Zoofachhandel zuschneiden lassen, damit keine Verlängerungen nötig sind. Die Länge des Luftschlauchs hat keinen Einfluss auf die Luftleistung. Der Schlauch kann im Erdreich einwachsen. Gegen Mäusefraß empfehle ich, ein PVC-Leerrohr (mit Gefälle vom Haus weg) zu verlegen und den Luftschlauch durchzuziehen.

✔ Oxydator (→ Seite 10).

✔ Als Filter dient ein starker Bodenfilter (→ Seite 58). Eine Membranpumpe drückt Luft in den Unterbodenfilter, die aufsteigenden Luftblasen saugen Wasser mit nach oben. So entsteht eine regelrechte Zirkulation. Das Aquarienwasser wird in den Kiesboden gesogen und dort mechanisch und im Lauf der Zeit durch die Bodenbakterien auch biologisch gereinigt. Normalerweise hält der Unterbodenfilter das Freilandaquarium den Sommer über sauber.

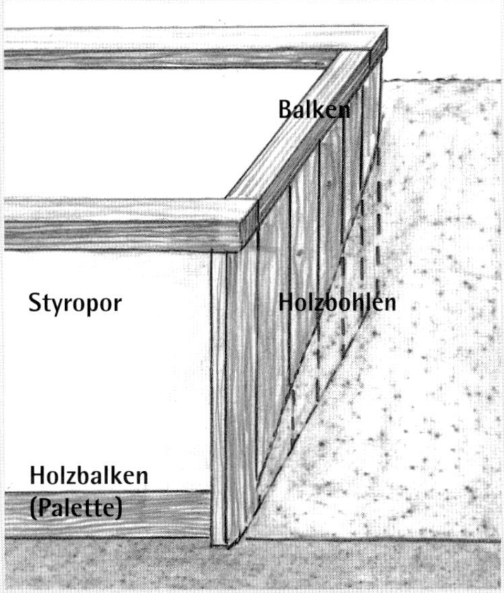

Der erste Schritt: Bohlen dienen als Rundumschutz, Oberrahmen und Kantenschutz.

✔ Als Dekoration empfehle ich einige faustgroße Kiesel, sie genügen völlig.

Achtung: Wegen der im Verhältnis zum Teich geringeren Wassermenge muss das Freilandaquarium im Winter stillgelegt werden.

Bepflanzung

Hier empfehle ich auf jeden Fall schattenbildende Zwergseerosen (*Nymphaea stellata*). Auch Pfennigkraut (*Lysimachia nummularia*) ist gut geeignet. Es sollte so an das Ufer gepflanzt werden, dass es in das Aquarium wächst.

Besatzvorschlag

Durch den Fronteinblick lassen sich beispielsweise Bitterlinge und Stichlinge gut beobachten. Mit Schleierschwänzen und Goldfischen besetzt, wird der »vorn aufgeschnittene« Gartenteich schnell zum Lieblingsplatz der Familie.

Amerikanische Rotflossenorfe, Pärchen.

Scheibenbarsch – ein friedlicher Teichfisch.

Amerikanische Rotflossenorfe

Notropis lutrenis (→ Fotos Seite 1, 32, 55)
Größe: 8 cm.
Vorkommen: Nordamerika.
Aussehen: Männchen zur Laichzeit bläulich schillernd mit roten Flossen.
Wasserwert: pH-Wert 7-8; Wasser häufiger wechseln und gut filtern.
Temperatur: 10-25 °C.
Futter: Alle Lebend- und Trockenfuttersorten.
Verhalten: Friedlicher Schwarmfisch. Braucht Becken mit großem Schwimmraum.

Scheibenbarsch

Enneacanthus chaetodon (→ Foto Seite 32)
Größe: 6-8 cm, selten 10 cm.
Vorkommen: Wie Gemeiner Sonnenbarsch (→ Foto Seite 33).
Aussehen: Die Weibchen sind meist etwas größer und farbenprächtiger, auch runder in der Körperform als die Männchen. Das Männchen wird zur Laichzeit immer blasser.
Wasserwert: Wie Gemeiner Sonnenbarsch. Der Scheibenbarsch ist empfindlich gegen zu viel Nitrit/Nitrat im Wasser.
Temperatur: Nicht höher als 23 °C, bis 4 °C zur Überwinterung. Der Scheibenbarsch ist wie alle Sonnenbarsche sehr empfindlich gegen plötzliche Schwankungen.
Futter: Wie Gemeiner Sonnenbarsch.
Verhalten: Jungtiere schwimmen gern im Schwarm mit anderen friedlichen Aquarienbewohnern. Ich empfehle als Gesellschaft Bitterlinge.

Eine kleinblütige Varietät der Seerose.

Pfauenaugenbarsch.

Gemeiner Sonnenbarsch.

Pfauenaugenbarsch

Centrarchus macropterus (→ Foto Seite 33)
Größe: Selten größer als 10 cm.
Vorkommen: Langsam fließende, pflanzenreiche Gewässer Nordamerikas.
Aussehen: Bei ausgewachsenen Männchen ist die Afterflosse schwarz, bei Weibchen weiß gerändert.
Wasserwert: pH-Wert 7, nicht niedriger. Pfauenaugenbarsche sind sehr empfindlich gegen alle Arten von Schwankungen der Wasserwerte. Sie neigen dann zu unheilbaren Verpilzungen. Wenn sie aber einmal eingewöhnt sind, gibt es keine Probleme mehr.
Temperatur: Im Winter nicht unter 8 °C, sonst nicht über 22 °C.
Futter: Frostfutter und Lebendfutter aus der Regentonne, manchmal Flockenfutter.
Verhalten: Pfauenaugenbarsche sind zurückhaltend, friedlich und verspielt mit ihresgleichen; sie lassen sich schwer mit anderen Fischen vergesellschaften. Ältere Tiere bleiben scheu, Jungtiere werden zutraulich. Betreibt Brutpflege: Männchen bewacht den Laich.

Gemeiner Sonnenbarsch

Lepomis gibbosus (→ Fotos Seite 33, 41, 51)
Größe: Bis zu 12 cm, selten größer.
Vorkommen: Nordamerika; in vielen Gewässern Europas verwildert.
Aussehen: Körper rotgolden gemasert, auffälliger Ohrfleck am Kiemendeckel, bei Männchen intensiver gefärbt. Werden meist erst im dritten Jahr geschlechtsreif.
Wasserwert: Der pH-Wert darf nicht unter 7 absinken. Also niemals Torfpräparate zur Wasserklärung verwenden.
Temperatur: Kalte Überwinterung fördert den Laichansatz. Möglichst nicht über 23 °C halten.
Futter: Frostfutter und Lebendfutter aller Art aus der Regentonne. Nimmt gelegentlich auch Flockenfutter.
Verhalten: Männchen betreiben Brutpflege und verteidigen zur Laichzeit Reviere. Deshalb nicht mehr als 5 Exemplare im Freilandaquarium halten. Sonnenbarsche mögen keine Strömung. Einige Bündel Tausendblatt (*Myriophyllum spec.*) brauchen die Barsche unbedingt, um sich wohl zu fühlen.

Fische für den Gartenteich

	Fischart	1	2	3	4	5	6	7	8	9	10	11	12	13	14	15	16
1	Goldfisch	○	●	●	●	●	●	●	●	●	●	●	●	●	●	●	
2	Schleierschwänze	●	○	●			●					●	●				●
3	Giebel	●	●	○	●	●	●	●	●	●	●	●	●	●	●	●	●
4	Graskarpfen	●		●	○	●	●	●	●	●	●	●	●	●	●	●	
5	Koi	●		●		○		●	●	●	●			●	●	●	
6	Moderlieschen	●	●	●			○					●	●				●
7	Goldorfe	●		●	●	●		○	●	●	●		●	●	●	●	
8	Silberorfe	●		●	●	●			○	●	●		●	●	●	●	
9	Amerik. Rotflossenorfe	●		●	●	●			●	○	●		●	●	●	●	
10	Elritze, Pfrille	●	●	●	●	●			●	●	○	●				●	
11	Bitterling	●	●	●	●		●		●	●	●	○	●	●	●		●
12	Südeurop. Plötze	●		●	●	●		●	●	●			○	●	●		●
13	Plötze, Rotauge	●		●	●	●			●	●				○	●		●
14	Rotfeder	●		●	●	●			●	●					○		●
15	Kardinalfisch	●	●	●			●			●	●	●				○	
16	Schlammpeitzger	●		●	●			●	●	●		●	●	●	●		○
17	Dreistachliger Stichling																●
18	Neunstachliger Stichling																
19	Pfauenaugenbarsch																
20	Scheibenbarsch											●					
21	Diamantbarsch																
22	Gemeiner Sonnenbarsch																

● = Diese Fische vertragen sich miteinander – = Keine Ansprüche NO_2/NO_3 = Nitrit/Nitrat < pH 7 = pH-Wert nicht unter 7

17	18	19	20	21	22	Kinderteich	Freilandaquarium	Zuchtteich	Wasserqualität	Teichgröße	Temperatur, Bemerkungen
						ja	ja	ja	–	>-<	❄
						ja	ja	ja	NO_2/NO_3	>-<	> 12 °C, mehr O_2-Bedarf, keine Sticks
						ja	ja	ja	–	>-<	❄
●					●				–	>-<	❄
						ja	ja	ja	NO_2/NO_3	>-<	❄, liebt klares H_2O
						ja	ja	ja	< pH 7	>-<	❄, keine Torfzusätze
						ja	ja		–	>-<	❄
						ja	ja		–	>-<	❄
					●	ja	ja	ja	< pH 7	>-<	❄
					●	ja	ja	ja	< pH 7	>-<	❄, flacher Kiesteil wichtig
●					●	ja	ja	ja	–	<->	❄, Sandboden für Muscheln
							ja		–	>-<	❄
							ja		–	>-<	❄
							ja		–	>-<	❄
						ja	ja		NO_2/NO_3	<->	> 12 °C, Beifisch für kleine Teiche
					●		ja		NO_2/NO_3	<->	❄, Bruträuber
○					●		ja	ja	NO_2/NO_3	<->	❄
	○				●		ja	ja	< pH 7	<->	❄
		○					ja	ja	< pH 7	>-<	❄, ≈
			○				ja	ja	< pH 7	>-<	❄, ≈
				○			ja	ja	< pH 7	>-<	❄, ≈
					○		ja	ja	< pH 7	>-<	❄, ≈

>-< = unbegrenzt <-> = begrenzt ❄ = winterhart ≈ = empfindlich gegenüber Schwankungen aller Art

PFLEGE VON TEICH, PFLANZEN UND FISCHEN

Im Herbst braucht der Gartenteich die helfende Hand des Pflegers besonders dringend, denn jetzt gilt es, Tiere und Pflanzen für den kommenden Winter vorzubereiten. Wie der Rasen oder die Hecke im Garten brauchen auch die Teichpflanzen und Fische einen regelmäßigen »Rückschnitt«.

Die richtige Teichpflege

Die Wassertemperatur und somit die Jahreszeit bestimmen weitgehend den Zeitpunkt der Teichpflege. Im Frühjahr, wenn die Jungfische heranwachsen, lassen wir den Teich in Ruhe, selbst wenn der Pflanzenwuchs etwas überhand nehmen sollte.

Beim herkömmlichen Gartenteich, ob klein oder größer, ist einmal im Jahr im Herbst die Teichpflege fällig, bevor das Laub fällt. Das ist wichtig, weil manche schnell wüchsige Pflanzen, wie Wasserminze, Zungenblättriger Hahnenfuß oder Wasserpest, andere langsam wachsende, edlere Pflanzen überwuchert haben. Durch den Zersetzungsprozess der überzähligen Blattmasse während des Winters und erst recht im nächsten Frühjahr bei steigenden Wassertemperaturen wird Sauerstoff verbraucht. Da sich viele Tiere zur Winterruhe in die Bodenregion zurückziehen, würden sie ersticken.

Freilandaquarien und Zuchtteiche werden nur für eine Saison eingerichtet, deshalb fällt praktisch keine Saisonpflege an.

Eine Oase der Ruhe und Entspannung – und doch voller Leben.

Vorbereitungen

✔ Zu jedem Gartenteich gehört als »Werkzeug« ein Aquarium mittlerer Größe (etwa 100 l), das halb und halb mit Teich- und Frischwasser gefüllt bereitsteht, um bei der Teichpflege die Fischbrut und alle kleineren Fische vorübergehend aufzunehmen. Den Oxydator stellen Sie einstweilen mit ins Aquarium oder lassen den Ausströmer, der sonst den Teich bedient, ins Becken sprudeln.

✔ Für die größeren Fische reicht eine Wanne, die Sie mit einem Betttuch abdecken, damit die Fische nicht herausspringen.

✔ Sie benötigen zwei Netze: ein grobes zum Abfischen von Laub und losen Seerosenblättern und ein feines so genanntes Planktonnetz, um Jungfische oder andere kleine Teichgäste zu fangen. Das Gespinst sollte keineswegs weiß sein, ein grünes oder schwarzes Netz beunruhigt die Teichbewohner am wenigsten.

Und so wird's gemacht

1. Heben Sie vorsichtig den Korb mit den Seerosen heraus und stellen ihn neben den Teich.

2. Vorsichtig die einzelnen Blätter nach versteckter Fischbrut absuchen und ins vorbereitete Aquarium gleiten lassen.

Pflege von Teich, Pflanzen und Fischen

Nehmen Sie am besten die Hand. Mit den nassen Fingern können Sie der empfindlichen Schleimhaut weniger Schaden zufügen als mit einem groben Netz.

3. Falls Sie Libellenlarven (manche überwintern zweimal, bis sie schlüpfen) entdecken, setzen Sie diese in einen Eimer mit Teichwasser - sie brauchen keine extra Sauerstoffzufuhr. Sie werden später wieder in den Teich zurückgesetzt. Vorsicht mit den Fingern! Libellenlarven können empfindlich zwicken, aber sonst passiert nichts.

4. Um Gelbrandkäfer brauchen Sie sich nicht zu kümmern, sie können fliegen.

5. Zwei Drittel der Seerosenblätter entfernen. Alle anderen Pflanzen kräftig einkürzen bis auf wenige Augen über dem Wurzelstock.

6. Dann das Wasser aus dem Teich ablassen oder abschöpfen, bis der Boden noch etwa 10 cm hoch bedeckt ist.

7. Erst jetzt werden die restlichen Fische sortiert (→ Seite 40).

8. Mit einem groben Kescher einen Teil des Mulms sowie in den Teich gefallenes Laub entfernen.

9. Andere Teichgäste im Mulm, wie Libellenlarven, Frösche oder Kröten, bleiben im Teich.

10. Dann setzen Sie die Seerosenkörbe wieder an den vorgesehenen Platz und lassen den Teich voll Wasser laufen.

11. Wasseraufbereitungsmittel nicht vergessen.

12. Nun den Besatz für das kommende Jahr vorsichtig wieder einsetzen.

13. Den Ausströmer in den Teich geben, den Oxydator brauchen Sie vielleicht vorübergehend für die Fische, die in ein anderes Biotop umgesiedelt werden. Er kann später noch dazu gegeben werden.

Hinweis: Verwenden Sie keinerlei Reinigungsmittel.

Ein Bach wirkt als biologischer Filter.

Arbeiten im Jahreslauf

Zeitabstand	Artenteich	Zuchtteich	Kinderteich	Freilandaquarium
Täglich	Füttern. Verdunstetes Wasser ergänzen. Technische Geräte überprüfen!	Füttern. Technische Geräte überprüfen!	→ Artenteich	→ Artenteich!
Wöchentlich	Oxydator überprüfen!	→ Artenteich	→ Artenteich	→ Artenteich! Frontscheibe reinigen!
Monatlich	Ein Viertel des Wassers austauschen, Wasseraufbereitungsmittel nicht vergessen!		→ Artenteich	→ Artenteich
Halbjährlich	Bodenfilter neu einrichten und Filterkies waschen.	→ Artenteich	→ Herbstpflege, Seite 37, und Artenteich	→ Artenteich
Jährlich	→ Herbstpflege, Seite 37. Gründlicher Check aller technischen Geräte!	→ Artenteich	→ Artenteich	→ Artenteich

VERSORGUNG IM URLAUB

Ein Gartenteich braucht auch während des Jahres etwas Pflege. Damit Sie trotzdem beruhigt in den Urlaub fahren können und während Ihrer Abwesenheit nichts passiert, sollten Sie folgende Punkte bedenken und gegebenenfalls vorher regeln:

✔ Fische nicht auf Vorrat »mästen«.
✔ Eine Pflegeperson anlernen, die das Füttern übernimmt, und ihr genau sagen, wie sie füttern soll.
✔ Das richtige Futter bereitstellen.
✔ Für Notfälle den Wasseraufbereiter bereitstellen.
✔ 14 Tage vor Abfahrt durch langsames Überlaufen-lassen ein Drittel des Wassers austauschen.
✔ Keine neuen Fische einsetzen.
✔ Den Oxydator überprüfen.
✔ Luftpumpe und Ausströmer überprüfen.
✔ Außenfilter gegebenenfalls separat überprüfen.
✔ Die Pflegeperson beauftragen, Wasser nachzufüllen, wenn der Teichstand in einer Hitzeperiode mehr als eine Hand breit gesunken ist oder das Sumpfbecken austrocknet. Wasser vorher aufbereiten!
✔ Fragen Sie Ihren Zoofachhändler, ob Sie für besondere Notfälle seine Telefonnummer der Pflegeperson hinterlassen dürfen.

Was tun mit den Fischen?

Überzählige Jungtiere und zu groß gewordene ältere Exemplare können an befreundete Teichbesitzer abgegeben werden.
Jetzt wird auch eine Vorauswahl der möglichen Zuchttiere fürs nächste Jahr getroffen:
✔ Bei Goldfischen behalten Sie 3 bis 4 jüngere Männchen für ein laichreifes Weibchen.
✔ Von den Stichlingen behalten Sie pro Teich nur 5 halbwüchsige Jungtiere als Zuchtstamm.
✔ Bei Elritzen und Moderlieschen wird der Bestand auf die Hälfte reduziert.
✔ Bei Barschen lassen Sie die erfolgreichen Eltern als Stamm mit einigen Jungtieren.
✔ Bitterlinge können Sie alle behalten.
Vorsicht: Stichlinge stechen ganz empfindlich! Sie gleiten beim Auslichten der Wasserpflanzen nicht einfach heraus wie andere Fische, sondern spreizen die zu Stacheln umgebildeten Brustflossen seitlich ab und sind manchmal schwer aus den Pflanzen oder dem Netz zu lösen.

Überwinterung

Der Oxydator und der Ausströmerstein sorgen für genügend Sauerstoff auch im Winter.
✔ Der Oxydator hält unter dem Eis für zirka 3 Monate Sauerstoff bereit. Ist er leer, treibt er nach oben und muss neu gefüllt werden. Sitzt er unter dem Eis fest, keinesfalls das Eis aufhacken, dies würde die Teichbewohner nur unnötig in Stress versetzen. Um den Oxydator herauszuholen, warmes Wasser auf das Eis gießen. Sie schaffen so leicht das notwendige Loch.
✔ In besonders ungünstigen Lagen kann ein Teichheizer sehr nützlich sein. Er hält nur um sich herum ein Loch offen und soll keinesfalls den Teich erwärmen.
✔ Bei extremen Frostperioden ist die Kombination mit einem Eisfreihalter aus Styropor mit Solarfenster, einem kleinen Ausströmerstein und dem Oxydator das Optimum.

Wichtig: Schleierschwänze sind nicht winterfest. Ihr prächtiger Flossenbehang ist schwer mit sauerstoffreichem Blut zu versorgen und würde – wenn von Pilzen befallen – abfaulen. Deshalb besser im Aquarium überwintern.

Füttern im Urlaub

Wenn Sie höchstens 2 Wochen abwesend sind, können Sie Ihren Teichfischen ohne schlechtes Gewissen eine Hungerpause verordnen. Sie können sich von einfallenden Insekten ernähren oder durchsuchen den Boden nach Fressbarem. Versuchen Sie niemals, auf Vorrat zu füttern. Auch viele im Handel erhältliche Ferienfuttersorten sind kaum geeignet.
Wichtig: Einzige Ausnahme bildet der Zuchtteich. Sollte gerade ein Schwarm Jungfische heranwachsen, dann muss eine Pflegeperson angelernt werden, die die Brut füttert.

Der Bach als Bio-Filter

Mit einem Bach lassen sich mehrere Teiche miteinander verbinden. Sie benotigen dann nur einmal die technische Ausrüstung, denn eine Pumpe kann das Wasser in den höchst gelegenen Teich pumpen. Dann fließt es durch mehrere kleine Teiche zurück.
Der Bach hat zudem Filterfunktion. Etwa von April bis Oktober, abhängig von der Temperatur, filtert 1 m Bach zwischen zwei Teichen 1000 l Teichwasser pro Saison.
Das Bachprofil sollte 50 cm breit und 25 cm tief sein. In Gartencentern gibt es Passstücke, mit denen Sie eine Bachverbindung bauen können. Ein Höhenunterschied von wenigen Zentimetern reicht aus.

Und so wird's gemacht:
✔ In das leere Bachbett kommen 15 cm Kiesschüttung der Körnung 5 bis 8 mm.
✔ Pro Meter Bachlauf werden darin 3 ovale Gitterkörbe seitlich versetzt gestellt.
✔ Die Körbe enthalten Feinkies (Körnung 3 bis 5 mm) und sind bepflanzt. Die Pflanzen treiben ihre Wurzeln durch den Korb ins Kiesbett.
✔ Als Pflanzen für den Bach eignen sich Wasserschwertlilie (*Iris pseudacorus*), Zungenblättriger Hahnenfuß (*Ranunculus lingua*), Zwergrohrkolben (*Typha minima*) und Wasserpest (*Egeria canadensis*).

Wirkungsweise des Bio-Filters

Eine Pumpe fördert das Wasser über eine Schlauchverbindung aus dem tiefer gelegenen Teich in einen höher gelegenen Teich. Das Wasser fließt durch den höher gelegenen Teich und den Bach zur Pumpe zurück. Die Pumpe sitzt etwas erhöht auf einem Gitterziegel gegenüber dem Einlauf des Bachwassers in den tiefer gelegenen Teich. Der Kies im Bachbett bildet den mechanischen Filter, die darin lebenden Bakterien und die Wurzeln der Bachpflanzen reinigen das Wasser. Je langsamer der Bach fließt, desto größer ist die reinigende Wirkung.

Der Sonnenbarsch lässt sich gut mit anderen friedfertigen Arten vergesellschaften.

Füttern rund ums Jahr

Wenn wir von der Natur ausgehen, dann ist das Nahrungsangebot vielfältig, aber nicht immer ist der Tisch für die Fische reich gedeckt. Es gibt kein Universalfutter für alle Teichbewohner rund ums Jahr.

Nach der langen Winterzeit steigt in der Natur das Nahrungsangebot langsam. Deshalb beginnen Sie im Frühjahr erst bei Wassertemperaturen über 12 °C mit der Fütterung leicht verdaulicher, aber eiweißreicher Flocken, die auch Warmwasserfischen im Aquarium verfüttert werden. Keinesfalls sofort mit Sticks anfangen. Ab 15 °C Wassertemperatur folgen Sie den Empfehlungen des Fachhandels. Unter 12 °C Wassertemperatur werden die Fische nicht mehr gefüttert (→ Seite 4).

Kalt überwinterte Zuchttiere brauchen besonders nahrhaftes Futter, um Laich anzusetzen und in Brutstimmung zu kommen.

Hinweis: In guten Zoofachgeschäften werden lebende weiße Mückenlarven angeboten, die sich hervorragend als Startfutter für Ihre Fische im Frühjahr eignen.

Richtig füttern

✔ Dies bedeutet, öfters und kleinere Portionen mehrmals hintereinander zu füttern.

✔ Füttern Sie ohne Futterring. Das Futter soll sich auf der Teichoberfläche verteilen, damit alle Fische gleichzeitig fressen können. Es sollten möglichst keine Reste bleiben.

Sticks und Pellets (Trockenfutter)

Sticks und Pellets sehen auf den ersten Blick bis auf die Form fast alle gleich aus. Aber in der Zusammensetzung der Inhaltsstoffe gibt es oft erhebliche Qualitätsunterschiede, die sich mit Recht im Preis niederschlagen. Billige Sticks oder Pellets werden von allen großen Fischen

Schutz gegen fischende Katze

Die Fische gewöhnen sich schnell an die Futterstelle. Das hat den Vorteil, beobachten zu können, ob alle zur Fütterung kommen und ob sie Krankheitssymptome zeigen. Dadurch besteht aber auch die Gefahr, dass sie leicht zur Beute von angelnden Katzen werden können. Deshalb sollten Sie an der Futterstelle die Gehwegplatten am Rand wie auf der Zeichnung überstehen lassen. Da die Fische immer an den Rand schwimmen, wird die Katze keinen Erfolg haben.

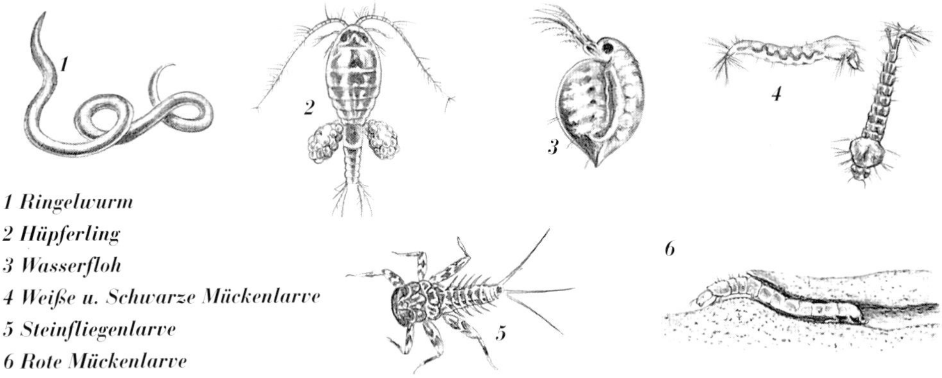

1 Ringelwurm
2 Hüpferling
3 Wasserfloh
4 Weiße u. Schwarze Mückenlarve
5 Steinfliegenlarve
6 Rote Mückenlarve

gerne und in Mengen gefressen. Entsprechende Mengen Kot belasten dann als biologischer Abfall den Teich.
Von den gehaltvolleren Sticks werden weniger gefressen, da die Fische weniger brauchen, um satt zu werden. Viele Teichbesitzer glauben deshalb, dass ihre Fische die teuren Sticks nicht mögen! Das stimmt aber nicht!

Lebendfutter

Lebendfutter aus der Regentonne ist ein hervorragendes Zusatzfutter. Doch Vorsicht! Nicht alles ist geeignet! Grob gesagt können Sie alle Kleinstlebewesen verfüttern, die sich hüpfend oder zuckend im Wasser bewegen:

✔ Wasserflöhe (*Daphnia*) gehören zu den Blattfußkrebsen. Sie schweben frei im Wasser.

✔ Hüpferlinge (*Cyclops*) gehören zu den Ruderfußkrebsen und wie die Wasserflöhe zum so genannten Zooplankton. Sie schweben im Wasser. Ihre Eier tragen sie in speziellen Eitäschchen außen am Körper.

✔ Weiße Mückenlarve oder Büschelmücke (*Chaoborus*): Sie liegt waagerecht im Wasser. Die Puppe hängt mit dem Kopf nach oben senkrecht im Wasser.

✔ Schwarze Mückenlarve oder Stechmücke (*Culex*): Sie hängt schräg unter der Wasseroberfläche und flüchtet bei Gefahr nach unten. Die Puppe hängt zusammengerollt unter der Oberfläche.

✔ Rote Mückenlarve oder Zuckmücke (*Chironomus*): Sie schlägt bei der Fortbewegung immer eine Acht. Die Puppe hängt an der Tonnenwand. Die Larve baut im Schlammboden 4 bis 6 cm lange Wohnröhren.

✔ Larven von Steinfliegen, aber auch die Steinfliegen (*Plecoptera*) selbst werden gern von Fischen gefressen.

✔ Ringelwürmer (*Enchytraeus albidus*): Sie leben im Garten unter den Gehwegplatten. Sie sind ein Leckerbissen für die Jungfische.

Achtung: Die oft im Handel angebotenen Bachröhrenwürmer (*Tubifex*) sind weniger geeignet. Sie werden aus dem Schlamm der Flüsse gesiebt und sind oft mit Schwermetallen und Krankheiten belastet.

Wichtig: Lebendfutter darf aus Naturschutzgründen nicht aus Gewässern der freien Natur entnommen werden. Außerdem ist die Gefahr sehr groß, dass Sie mit Wasserflöhen aus Fischweihern Krankheiten einschleppen. Lebendfutter erhalten Sie auch im Zoofachhandel.

Plagegeister der Teichfische

In ein gesundes Ökosystem Teich gesellen sich zu den Fischen auch andere Tiere. Mit den meisten gibt es keine Probleme. Doch mit manchen Arten haben die Fische auch in Gewässern in der Natur zu kämpfen.

✔ **Libellenlarven und Gelbrandkäfer** (→ Seite 46/47) leben als Räuber im Teich. Sie fressen Fischbrut und zupfen an den Flossen.
Gegenmittel: Gibt es nicht, die Libellen schlüpfen im Frühjahr, der Gelbrandkäfer fliegt. Bei Verletzungen helfen die gleichen Mittel wie gegen Pünktchenkrankheit und Pilze.

✔ **Fischegel** (→ Seite 47) setzen sich mit ihrem Saugmaul auf der Schleimhaut fest und hinterlassen offene Stellen, die sich später oft entzünden; an den Rändern bilden sich dann Pilzinfektionen.
Gegenmittel: Absammeln mit einer Pinzette, Medikament wie gegen Pilze.

✔ **Karpfenläuse** sitzen auf der Haut und ernähren sich davon, oft wandern sie zwischen die Kiemen. Sie hinterlassen dann rote Stellen.
Gegenmittel: Wie bei äußeren Verletzungen. Durch Scheuern und ruckartiges Schwimmen versuchen die Fische, die meist auf der Haut sitzenden Parasiten loszuwerden oder ihnen zu entkommen.

Durch ihre schöne Färbung ist die Gebänderte Prachtlibelle ein Juwel am Gartenteich.

Das Medikament auftragen

Bei großen Fischen hat es sich bewährt, die verbleibenden Wunden nach dem Absammeln der Parasiten einzupinseln. Dazu halten Sie den Fisch mit dem Kopf nach oben, damit nichts in die Kiemen gerät. Das Medikament (sonst gegen Pilzerkrankungen auf der Haut) wird dann mit einem Marderhaarpinsel (besonders weich) auf die Wunde getupft. Richtig angewandt, ist dieses Vorgehen äußerst erfolgreich. Bitte lassen Sie sich von Ihrem Zoofachhändler beraten.

Krankheiten bei Fischen

Sie werden durch Viren, Bakterien oder Pilze verursacht. Einige Krankheiten übertragen Vögel, die meisten kommen aber mit Fischen aus kranken Gewässern in Ihren Teich. Dort können die Fische Infektionen auslösen, ohne selbst daran zu erkranken.
Karpfenläuse: Sie sind so genannte Schwächeparasiten, die nach Störungen durch Umsetzen, Temperaturschock oder Ernährung den Teichbewohnern das Leben schwer machen können. Die Fische werden anfällig für Infektionen aller Art. Ein gesunder, kräftiger Fisch kann sich dagegen wehren und hält es aus, ohne dass wir etwas bemerken.
Bakterielle Erkrankungen: Sie sind schwer zu bekämpfen, da Antibiotika im Teich kaum anzuwenden sind. Versuchen Sie daher, die Ansteckung der Mitbewohner durch entsprechende Medikamente aus dem Fachhandel zu verhindern. Die gleichen Mittel verhindern auch eine weitere Entzündung der Wundränder und unterstützen die Heilung. Die Weißpünktchenkrankheit oder andere Schimmelpilze auf der Haut sind die häufigsten Folgeerkrankungen. In jedem Fall muss der gesamte Teichbesatz behandelt werden, denn meist sind alle Fische infiziert.

Bemerkungen über Krankheiten

Warum immer Sauerstoff zuführen? Ein wichtiges Atmungsorgan der Fische ist die mit Schleim geschützte Außenhaut (→ Seite 49). Da die meisten Parasiten und Krankheitserreger sich aber zuerst auf der nahrhaften Schleimhaut festsetzen und sie schädigen, muss unbedingt der Sauerstoffgehalt zusätzlich erhöht werden, um die Atmung zu erleichtern. Das geschieht am besten durch einen Oxydator (→ Seite 10) oder einen fein perlenden Ausströmerstein. Ich empfehle Keramiksteine. Sie lassen sich über einer Gasflamme leicht ausglühen und perlen dann wieder fein.

Gegen die Schleimhautverletzungen durch die Parasiten wehren sich die Fische mit vermehrter Schleimhautbildung. Oft werden ganze Hautpartien verletzt abgestoßen – und das beeinträchtigt die Hautatmung erheblich. Medikamente verhindern Entzündungen und unterstützen den Heilungsprozess.

Wie Krankheiten verlaufen können

Krankheitserreger sind in den meisten Biotopen vorhanden. Werden nun die Fische durch Umsetzen, Veränderungen der Wasserzusammensetzung oder Temperatur geschwächt, werden die Erreger besonders aktiv – die »Seuche« bricht aus. Es muss dann bekämpft und unterstützend behandelt werden. Der Heilungsprozess durch die Medikamente im Teich ist abhängig von der Wassertemperatur.

Wenn die Temperaturen sinken, kommen viele »Krankheiten« zu einem gewissen Stillstand, weil sich die Erreger auf der Haut verkapseln. Die Fische scheinen zu gesunden. In diesem Zustand können die Erreger aber nicht bekämpft werden. Die Winterruhe ist also nur zum Teil Erholungsphase, sondern leider auch Schwächung zugleich. Die im Sommer erworbenen Abwehrkräfte werden aufgezehrt. Im Frühjahr bei steigenden Temperaturen werden die Krankheiten dann verstärkt ausbrechen. Man spricht von Frühjahrskrankheiten. Es entstehen Erregerstämme, die kaum besiegt werden können.

Achtung: Fischmedikamente und andere Mittel zur Behandlung der Fische und des Wassers vor Kindern sicher aufbewahren!

TIPP

So sieht ein gesunder Fisch aus

✔ Abgerundete Körperform und transparente Schleimhaut.

✔ Die Flossen sollten unverletzt und nicht gespalten sein (Flossenschäden sind aber leicht auszuheilen).

✔ Von vorne gesehen sollte die Stirn abgerundet sein und keinesfalls nach oben spitz zulaufen.

✔ Der Bauchbereich zwischen Brustflossen und Afterflosse darf nicht eingefallen oder gebläht sein.

✔ Keine abstehenden Kiemen! Dies deutet auf Kiemenwürmer hin.

✔ Keine heftige, schnelle Atmung! Könnte auf einen Temperaturschock hinweisen (ist dann anfällig für Pilze).

✔ Keine weißen Punkte an den Flossenrändern und auf der Schleimhaut! Das ist eine Pilzinfektion! Ausnahme: der während der Laichzeit im Frühjahr häufige Laichausschlag im Kopfbereich, manchmal auch am ganzen Körper.

»Saunamethode«

Besonders wertvolle Zuchtexemplare unter Ihren Fischen können mit dieser Behandlung meist noch gerettet werden.

Dafür sollten Sie ein 80-Liter-Aquarium bereit halten. Beleuchtung und natürliche Pflanzen sind nicht nötig. Das »Fischkrankenhaus« wird mit einer dünnen Sandschicht, einigen Kieseln und Seidenpflanzen »wohnlich« dekoriert. Ein Filter mit geringer Strömung, aber großem Volumen und gefüllt mit grobem Substrat gewährleistet eine lange Standzeit. Ein Oxydator (→ Seite 10) sorgt für Sauerstoff.

So gehen Sie vor:

Geben Sie das entsprechende Medikament genau nach Gebrauchsanweisung ins Aquarium. Lassen Sie sich von Ihrem Zoofachhändler beraten. Über einen Regelheizer mit Gradeinteilung erhöhen Sie die Wassertemperatur täglich um 2 °C bis auf 26 bis 28 °C.

Die Erreger werden sich dadurch wesentlich schneller vermehren und die Krankheit wird erst richtig ausbrechen. Doch das ist gewollt! Jetzt können alle Erreger durch das Medikament abgetötet werden, es können sich keine resistenten Stämme bilden. Die Krankheit heilt so schneller und vollkommen aus.

Während dieser Zeit sollten Sie nur leicht verdauliche Kost füttern. Nach zirka 14 Tagen die Temperatur langsam wieder absenken.

Die Saunamethode macht zwar viel Arbeit, ist aber sehr wirkungsvoll. Barsche sind danach ziemlich »geschlaucht« und mager. Lebendfutter oder Frostfutter, angereichert mit Vitaminen und Mineralien, lassen sie aber schnell wieder zu Kräften kommen. Bei erfolgreicher Saunamethode können die Fische wertvolle Abwehrkräfte sammeln.

Wichtig: Die Behandlung bei Erkrankungen genau nach Gebrauchsanweisung durchführen. Vorbeugende »Kuren« haben keinen Sinn. Sie führen nur zur Bildung von resistenten Erregerstämmen, die dann gegen »alles« immun sind.

Teichvolumen berechnen

Manche Medikamente müssen genau dosiert werden. Dazu ist es notwendig, die Wassermenge im Teich zu berechnen.

Wasservolumen (Aquarium) errechnen: Länge x Breite x Höhe in cm geteilt durch 1000 = Literzahl.

Wasservolumen (Teich) errechnen: Länge x Breite x halbe Tiefe in cm geteilt durch 1000 = ungefähre Literzahl.

Libellenlarven (links) und der Gelbrandkäfer (rechts) sind gefräßige Räuber. Goldfisch mit Fischegel (rechts Mitte).

Krankheiten erkennen und behandeln

Erscheinungsbild	Ursachen	Gegenmaßnahmen
Fische unruhig, scheuern, zucken mit den Flossen	Parasitenbefall im Frühstadium, oft eine Folge des Umsetzens (→ Schwächeparasiten, Seite 44).	1/3 des Wassers wechseln, Sauerstoff zuführen, Medikamente aus dem Zoofachhandel genau nach Anweisung anwenden.
Weißer Belag, trüber Belag, »Wattebäuschchen« oder weiße Pünktchen auf Haut und Flossen	Schimmelpilze oder Erreger der Pünktchenkrankheit (*Ichtyophtirius multifilis*) – im Teich selten	Gegenmittel aus dem Fachhandel! Unbedingt Sauerstoff zugeben, da manche Mittel die Schleimhaut zusätzlich reizen. Sonst wie oben!
Aufgetriebene Bäuche, Flecken an der Seite, offene Stellen mit weißen Rändern; abgestellte Schuppen	Zwei Möglichkeiten: 1. Bakterielle Erkrankung 2. Stoffwechselstörung durch Überfressen oder falsche Nahrung.	1. → oben und Seite 44. 2. Hungern lassen!
Schleierschwänze schwimmen kieloben, sie scheinen nicht abtauchen zu können; Flossen ausgefranst; abgestellte Schuppen	Wahrscheinlich Stoffwechselstörung (→ oben).	8-14 Tage hungern lassen! Futter wechseln!
Kleine, rote, runde Flecken auf der Schleimhaut oder platte Parasiten auf der Haut	Karpfenlaus und deren Wunden	Die 2-4 mm großen Parasiten absammeln, Wundbehandlung wie bei Pilzerkrankungen.
»Weiße Stäbchen« ragen aus dem After	*Lernaea*-Befall	Mit einer Pinzette abnehmen, Wundbehandlung wie oben.
Braunrote Würmer auf der Haut	Fischegel-Befall	Mit einer Pinzette abnehmen, Wundbehandlung wie oben.

VERHALTENSWEISEN DER GARTENTEICHFISCHE

Manchmal fragt man sich, wie das funktioniert. Die Fische im dunklen Teich oder trüben Wasser müssten doch dauernd irgendwo anstoßen? Oder sie flüchten ins tiefere Wasser, obwohl wir uns »indianermäßig« angeschlichen haben. Andererseits können wir mit einem Boot über Fische hinwegpaddeln, ohne dass sie fliehen.

Die Sinnesorgane

Fische sind Wirbeltiere, die sich an das Leben im Wasser angepasst haben. Im Lauf dieses Prozesses haben sie einige Organe entwickelt, die den landbewohnenden Wirbeltieren fehlen.

Seitenlinienorgan

Sicher haben Sie sich schon gewundert, warum die Fische im Dunkeln nicht gegen Hindernisse stoßen. In der gut sichtbaren Seitenlinie ist eine Reihe von Sinnesorganen in eine flache Rinne gebettet. Sie zieht sich an beiden Körperseiten vom Kopf bis zur Schwanzwurzel. Erschütterungen werden damit aufgenommen, Strömungen erkannt, und wie bei einem Echolot können die Fische so die Entfernungen zu Hindernissen, Futtertieren oder zu Kameraden im Schwarm feststellen. In der Tiefe, bei Nacht oder in Höhlen finden sich Fische damit bestens zurecht.
Wirkung: Die Umweltreize werden in den Sinneszellen in Nervenreize umgewandelt und über Nerven an das Gehirn weitergeleitet.

Zur Fortpflanzung legt das Bitterlingsweibchen seine Eier in eine Muschel.

Zahme Fische: Über das Seitenlinienorgan können die Fische auch den Pfleger am Schrittrhythmus erkennen. Mit der Zeit verbinden sie mit der Erscheinung des Pflegers die Fütterung und erwarten ihn an der bekannten Stelle, manche Fische fressen nach kurzer Zeit sogar aus der Hand.

Atmungsorgane

Sauerstoff benötigen alle Lebewesen, auch die Fische! Die Atmungsorgane sind deshalb wie alle wichtigen Organe mindestens doppelt angelegt. Zur Aufnahme des lebensnotwendigen Gases haben Fische mehrere Möglichkeiten.

- ✔ Über die Kiemen entnehmen die Fische dem Wasser den benötigten Sauerstoff und geben das Kohlendioxid (CO_2) wieder ab. Das Wasser wird durch das Maul eingesogen, fließt an den Kiemen vorbei und wird unter den Kiemendeckeln wieder ausgepresst. Die Kiemen bestehen aus je nach Fischart unterschiedlich vielen (4 bis 7) Kiemenbögen, auf denen die dünnhäutigen, reich durchbluteten Kiemenblätter angeordnet sind.
- ✔ Zusätzlich wird auch über die Schleimhaut Sauerstoff der Umgebung entnommen. Der Schlammpeitzger oder Schlammbeißer versorgt

TIPP

Phänomen Fischauge

Das Fischauge hat eine sehr kurze Brennweite, wie ein extremes Weitwinkelobjektiv, in der Fotografie »Fisheye-Linse« genannt. Damit kann der Fisch das Futter in der Nähe und Freund und Feind in einem weiten Bereich klar erkennen.
An der Wasseroberfläche werden alle einfallenden Lichtstrahlen gebrochen. Dadurch kann der Fisch auf das Ufer hinauf sehen – er kann zwar nicht »um die Ecke« gucken, wohl aber auf das Ufer. So kann der Fisch im Wasser die lauernde Katze oder einen beobachtenden Menschen am Ufer bereits sehen, obwohl Katze oder Mensch selber noch nicht ins Wasser sehen können.
Versuchen Sie es mal selbst, wenn Sie unter Wasser die Augen öffnen.

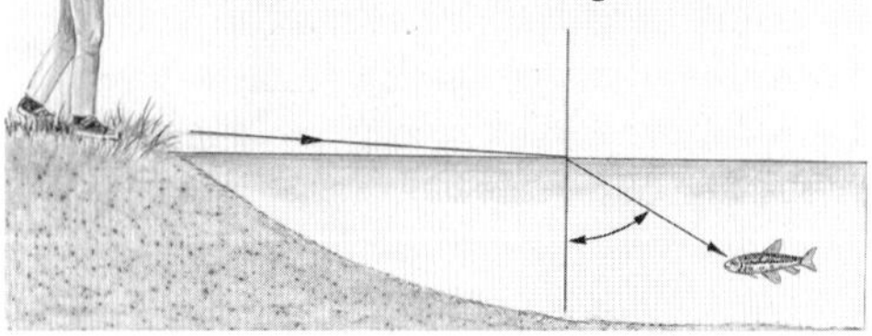

sich sogar zur Hälfte mit Sauerstoff über die Schleimhautatmung. Deshalb führen großflächige Hautverletzungen bei den Fischen zu Atemnot.

✔ Manche Fische, wie Welse oder der bereits erwähnte Schlammpeitzger, »atmen« zusätzlich über den Darm. Sie steigen an die Wasseroberfläche und schlucken dort gleichsam Luft, die den Darmkanal passiert. An der stark durchbluteten Darmschleimhaut findet der Gasaustausch statt.

Schwimmblase

Die Schwimmblase ist ein mit Gas gefülltes Organ. Sie ist verantwortlich dafür, dass Fische schwerelos im Teich schweben. Aber auch bei Auf- und Abwärtsbewegungen ist sie beteiligt. Dabei wird das Gas-Luft-Gemisch in der Schwimmblase entweder vergrößert oder verkleinert, das heißt, mit Hilfe spezieller Zellen und feiner Äderchen in der Blasenwand wird das Gas aus der Schwimmblase an das Blut abgegeben oder umgekehrt.
Bei Temperaturschocks kann sich der Fisch die Schwimmblase erkälten, die Fähigkeit sich anzupassen, funktioniert nicht mehr. Eine Heilung der Erkältungen ist kaum möglich.
Außerdem ist die Schwimmblase eine Art Verstärkerelement, über das Geräusche an ein Gehörknöchelchen weitergeleitet werden. Salopp könnte man sagen: »Fische hören mit der Schwimmblase«.
Zahlreiche bodenbewohnende Fischarten haben keine Schwimmblase.

Geschmacks- und Geruchssinn

Die Sinneszellen für den Geschmack liegen in der Maulhöhle und in der Haut von Flossen und Barteln. Die Riechöffnungen (Nasenlöcher) der Fische liegen zwischen den Augen. Mit Hilfe dieser Sinne orten die Fische Futtertiere und meiden Gewässer, in denen sie nicht überleben können. Sie erkennen auch den Salzgehalt des Wassers. Nur so ist es zu erklären, dass Fische im Mündungsbereich der Flüsse nicht versehentlich mit der Ebbe ins Meer schwimmen.

Temperaturabhängigkeit

Über Temperaturfühler werden die Fische abgehalten, in Bereiche zu schwimmen, die ihnen abträglich sind, wie heißes, eisiges oder sauerstoffarmes Wasser. Krasse Temperatursprünge führen zu Erkältungen und Hauterkrankungen.

Bis auf ganz wenige Ausnahmen sind Fische mit ihrer Körpertemperatur von der sie umgebenden Wassertemperatur abhängig. Sie nimmt Einfluss auf alle Lebensfunktionen.

Verhaltensweisen beobachten

Das Beobachten von Fischen ist nicht nur entspannend, sondern kann auch spannend sein. Es gibt viele Vorgänge zu beobachten, bei denen es sich lohnt, genauer hinzuschauen.

Fressreflex

Schwarmfische schnappen nach allem, was sie für fressbar halten und was von oben ins Wasser fällt. So nehmen speziell Goldfische oft ungeeignetes Futter wie Weißbrot oder ähnliches auf. Meist wird es mühsam wieder ausgewürgt. Bleibt das Brot im Wasser und verrottet, belastet es den »Wasserhaushalt" des ganzen Teichs.

Neugierde

Jeder neu in den Teich gesetzte Fisch hat erst mal Angst und sucht Schutz. Oft bilden die »etablierten« Teichbewohner eine Art Kreis um den Neuankömmling, um ihn zu bestaunen. Goldfische suchen wie gewohnt Schutz in der Gemeinschaft anderer Goldfische oder verwandter Schwarmfische. Stichlinge und Barsche versuchen, sich sofort den anderen Teichbewohnern durch Flucht zu entziehen. Dieses ängstliche Fluchtverhalten erinnert die anderen Stichlinge oder Barsche, die ja räuberisch leben, an flüchtende Futtertiere und löst die Verfolgung aus. Es dauert lange, bis der Neue sich dann aus dem sicheren Versteck wagt und die neue Umgebung erkundet. In beiden Fällen lenken Leckerbissen in der entgegengesetzten Ecke die Aufmerksamkeit der Teichbewohner vom Neuankömmling ab.

Fische magern ab

✔ Den Fischen geht es eigentlich »prima«. Sie fressen gut und regelmäßig und sind sichtbar gesund. Dennoch magern sie ab.
In kleineren Teichen oder Freilandaquarien kann es sein, dass durch zu starke oder falsche Strömung Fische gezwungen werden, gegen eine Strömung zu schwimmen, für die sie nicht geeignet sind. Sie können gar nicht soviel fressen, wie sie eigentlich bräuchten, um nicht abzumagern. Goldfische, Schleierschwänze und Kois mögen keine zu starke Strömung.
✔ Werden Fische im Winterquartier durch Aufhacken der Eisschicht oder Erschütterungen auf dem Eis unnötig erschreckt, dann löst das den Fluchtreflex oder Panik aus. Sie verbrauchen dann Energie, die sie durch Fressen nicht mehr ausgleichen können. Die Fische magern ab.
Mit Eisfreihaltern mit Solarfenster kann man im Winter einen Blick unter das Eis werfen. Tun Sie das aber nur, wenn es unbedingt notwendig ist, beispielsweise wenn Sie den Oxydator neu füllen müssen.

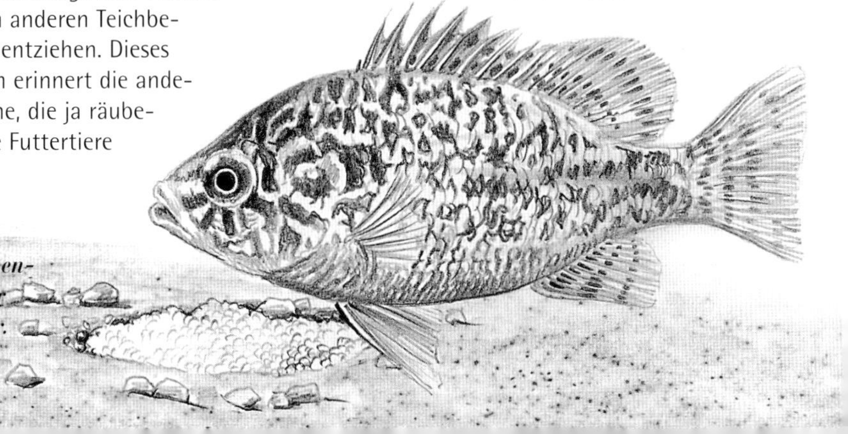

Das Männchen des Sonnenbarschs bewacht in einer Grube im Boden die Eier.

DOLMETSCHER

Um das Verhalten Ihrer Gartenteichfische richtig deuten zu können, müssen Sie verstehen, was vor sich geht.

Dieses Verhalten zeigen die Fische.

? Was wollen sie damit ausdrücken?

! So reagieren Sie richtig!

Kois fressen aus der Hand.

? Sie haben sich an Sie als Pfleger gewöhnt.

! Weiter so - aber nicht überfüttern!

Das Männchen des Dreistachligen Stichlings ist stolz auf sein Nest.

? Es lockt sein Weibchen.

! Nicht stören - beobachten!

Ein Weibchen schwimmt ins Nest. Das Männchen stößt mit dem Maul auf den prallen Hinterleib des Weibchens.

? Es stimuliert das Weibchen zum Ablaichen.

Das Männchen steht über dem Nest.

? Es bewacht den Laich und fächelt den Eiern Sauerstoff zu.

! Der fürsorgliche Vater!

Zwei Bitterlinge stehen nebeneinander über einer Muschel.

? Das magere Weibchen hat seine Eier bereits mit der Legeröhre in die Muschel gelegt.

! Im Kiemenraum der Muschel wachsen bald junge Bitterlinge heran.

Zwei Schlammpeitzger beim Schnauzenkontakt.

? Sie haben sich beim Wühlen im Schlamm zufällig getroffen.

! Mit ihren Barteln erkunden die Schlammpeitzger ihr Gegenüber.

Am Kopf der Elritze ist ein Ausschlag zu erkennen.

? Dies ist der Laichausschlag.

! Für kühlere Wassertemperatur, kräftige Durchlüftung und Filterung sorgen, damit die Fische ablaichen.

Junge Graskarpfen schwimmen im Schwarm.

? Sie fühlen sich so sicherer vor Feinden.

! Schwarmfische nie einzeln halten, bei 5 bis 7 fängt der Schwarm erst an. Weniger ist Tierquälerei.

Ein Gründling liegt am Boden.

? Dort sucht er Nahrung und entgeht zwischen den Steinen der Strömung.

! Dies ist ein normales Verhalten für einen Bodenfisch.

Fortpflanzungsverhalten

Luftdruckschwankungen und Veränderungen der Wasserwerte, gepaart mit größerer Helligkeit und längeren Tagen lösen im Frühjahr bei vielen Fischarten Paarungsverhalten und Laichablage aus. Viele Fische laichen auch vor oder nach Gewittern.

Ablaichen der Goldfische

Am Morgen kurz nach Sonnenaufgang geht in Ufernähe des Teichs »die Post ab«. Im flachen Wasser zwischen den Blättern des Pfeilkrauts verfolgen schlankere Männchen ein dickes Weibchen, stoßen es mit dem Maul in den Leib. Die Goldfische laichen ab. Das Weibchen legt die Eier ins freie Wasser ab, die Männchen geben sofort ihren Samen dazwischen, starke Flossenschläge vermischen Eier und Sperma, dann taucht das Weibchen wieder ins tiefe Wasser ab. Die durchsichtigen Eier kleben an den Pflanzen. Der Laichvorgang wiederholt sich alle paar Minuten, bis das Weibchen seine bis zu 3000 Eier abgesetzt hat.

Brutpflege

Manche Fischarten zeigen ein aufwendiges Verhalten, um ihren Jungen einen erfolgreichen Start ins Leben zu gewährleisten.

✔ Stichlingsmännchen bauen ein Nest. Nach einem komplizierten Balztanz des Männchens legt das Weibchen seine Eier in das Nest ab. Nach der Besamung bewacht das Männchen das Nest und fächelt Sauerstoff über die Eier.

✔ Das Sonnenbarschmännchen, aber auch Verwandte wie der Pfauenaugenbarsch, legt eine Mulde im Sand oder Kies an, verteidigt die Grube gegen Laichräuber und bewacht den Laich.

✔ Das Bitterlingsweibchen legt seine Eier direkt in den Kiemenraum einer Teich- oder Malermuschel, wo die Jungen geschützt aufwachsen.

✔ Das Moderlieschenweibchen klebt seine Eier an die Stengel von Wasserpflanzen. Das Männchen betreut den Laich, vertreibt Laichräuber und fächelt Sauerstoff zu. Zusätzlich sondert es ein bakterienhemmendes Sekret ab, das es über die Eier streicht.

Farben – wozu?

✔ Farbsignale auf Flossen und Körper helfen den richtigen Partner zu finden.

✔ Dadurch wird ein Revier optisch abgesteckt und Rivalen ein besetztes Revier angezeigt.

✔ Veränderungen oder negative Färbungen bei Barschen zeigen Unterwürfigkeit.

✔ Bodenfische wie Welse passen sich dem Farbton der Umgebung an und werden »unsichtbar« (Tarnfarbe).

✔ Jungfische sind oft wie nicht laichbereite Weibchen gezeichnet und für aktive Männchen uninteressant und werden geduldet.

✔ Viele Jungfische haben ein silbernes Schuppenkleid. Dies wirkt als Schutzkleid, wenn mehrere Arten in einem großen Schwarm vereinigt an den Ufern der Flüsse entlang ziehen.

Farbvarianten

Bei vielen Arten von Fischen tauchen in unregelmäßigen Abständen immer wieder Goldvarianten auf. So gibt es neben den Goldfischen und Goldorfen neuerdings auch goldene Elritzen. Diese Launen der Natur verdienen, weiter gezüchtet zu werden.

Farbmutationen sind in den Genen nicht »fest verankert«, das heißt, die Nachkommen müssen nicht so gefärbt sein. Die Naturfärbung hat sich bewährt und setzt sich immer wieder durch. Durch geschickte Wahl der Elterntiere können sich Goldvarianten auf Dauer erhalten lassen. In der Natur haben die leuchtender gefärbten Varianten keine Chance. Die Tiere würden den Fressfeinden zu sehr auffallen.

10 Goldene Regeln
zum erfolgreichen Züchten

1 Wählen Sie zur Zucht nur gesunde, kräftige Tiere aus.

2 Die Zuchttiere sollten kalt überwintert werden, bei Temperaturen zwischen 6 und 12 °C.

3 Soweit möglich, sollten Sie die Fische nach Geschlechtern getrennt halten.

4 Vor dem Zuchtansatz (Zusammensetzen der Geschlechter) sollten Sie die Fütterung entsprechend umstellen und Lebendfutter oder Frostfutter mit Vitaminen geben, um die Vitalität zu steigern.

5 Achten Sie bei Goldfischen auf einwandfreien Flossenbehang. Das Rückgrat muss gerade sein, die Augen dürfen nicht hervorquellen.

6 Setzen Sie Männchen und Weibchen im entsprechenden Verhältnis an, zum Beispiel zwei Männchen zu einem Weibchen.

7 Verfolgen Sie den Wetterbericht. Kurz nach einem Gewitter laichen viele Fische willig ab.

8 Erhöhung des Sauerstoffgehalts und Teilwasserwechsel reizen die Fische zusätzlich zur Eiablage.

9 Stellen Sie unbedingt vor Zuchtansatz die Futtergrundlage für die Fischbrut sicher.

10 Züchten Sie nicht mit Geschwistern – kaufen Sie frisches Blut zu.

Calico-Goldfische oder Shubunkin sind wegen ihrer bunten Färbung sehr beliebt.

Züchten – Vermehren

Wer Fische züchtet, will lebenskräftigen Nachwuchs heranziehen, der möglichst alle artspezifischen Eigenschaften weiter vererbt. Robuste Gesundheit und Schönheit schließen sich keineswegs aus. Ich würde - Goldfische ausgenommen - nicht auf Farbe züchten.
Bei Goldfischen wurde seit zirka 1000 Jahren die Zuchtauswahl so getroffen, dass zum Teil sehr bizarre Formen entstanden. Auch wenn einige davon heute als so genannte Qualzuchten gelten, weil die Tiere im Verhalten stark behindert sind, darf man die züchterische Leistung der alten Chinesen nicht verkennen. Ihr Wissen über Vererbung verdient unsere Hochachtung.

Wenn nur wenige Tiere einer Art vorhanden sind, ist das erste Ziel die Vermehrung der Stückzahl ohne Rücksicht auf Äußerlichkeiten. Durch gezielte Auswahl können dann immer noch Zuchtziele verwirklicht werden.

Zuchtauswahl

In der Natur gibt es - grob gesagt - zwei Richtungen, das Überleben der Art zu sichern: Bei den meisten Karpfenartigen ist es die große Zahl der Nachkommen, bei anderen Fischarten die fürsorgliche Pflege der Eltern.

Für die Zucht im speziellen Zuchtteich oder Zuchtbecken nimmt man am besten die Natur als Vorbild.

✔ Das heißt, dass Sie einem kräftigen, älteren Goldfischweibchen mehrere junge Männchen zur Besamung der Eier im freien Wasser geben.

✔ Bei Arten mit Brutpflege (→ Seite 54), wie Stichlingen oder Barschen, müssen sich die Paare von selbst finden. Hier sollten Sie allerdings darauf achten, ob die Paare zum Beispiel bei der Balz von anderen Fischen gestört werden. In der Natur werden sie verjagt. Im Freilandaquarium oder Zuchtteich sollten sie möglichst herausgefangen werden, um sie vor der zu intensiven Verfolgung durch das Zuchtpaar zu retten. Sonst haben die Streitigkeiten oft tödlichen Ausgang. Bei der nächsten Balz sind dann vielleicht die Karten anders verteilt.

Geschlechtsbestimmung bei Fischen

Zugegeben, es ist schwierig, meist sogar unmöglich, bei Fischen das Geschlecht zu garantieren. Die Körperform und die sichtbaren Rundungen im Bereich der Bauchflosse während der Laichzeit sind aber ziemlich sichere sekundäre Geschlechtsmerkmale für Weibchen. Im Verhalten zueinander lassen sich die Geschlechter ahnen, aber nicht sicher bestimmen.

✔ Bei Goldfischen haben die Männchen im Kiemenbereich einen Laichausschlag. Er ist nur während der Laichzeit sichtbar, außerhalb der Laichzeit nur vom Fachmann zu erfühlen. Da aber alle karpfenartigen Fische im Schwarm gehalten werden, erübrigt sich die Bestimmung.

✔ Bei Arten mit unterschiedlicher Färbung, wie Stichlingen, zeigen die Farben den Unterschied sehr deutlich an.

✔ Bei Barschen sind die Unterschiede sehr schwer festzustellen. Ich empfehle, einen Zuchtansatz mit den zwei größten Tieren und den beiden kleinsten zu versuchen. Daraus findet sich dann meist ein Paar.

Rassezucht oder Kreuzungen

Diese Frage stellt sich allerdings nur bei den Goldfischen. Es gibt zwei Vererbungslinien. Der »normale« Goldfisch kommt schwarz auf die Welt und färbt sich über Gold und Rot zu Weiß um. Es gibt auch Schecken. Das ist genetisch festgelegt.

Die Fische der zweiten Linie, ich nenne sie »Harlekine«, kommen bereits bunt zur Welt. Die Farben werden lediglich im Lauf der Zeit intensiver.

Beide Linien sind aber immer Goldfische, die auch noch verschiedene Flossen- oder Körperformen ausbilden.

Ob Sie nun in einer Linie weiterzüchten oder beide Linien kreuzen wollen, ist eine Gewissensentscheidung. Es ist auf jeden Fall spannend zu sehen, was bei einer Kreuzung beider Linien an tollen Farben herauskommt. Ich rate aber dringend ab, Fische mit unterschiedlichen Flossenformen zu kreuzen, denn dadurch kommt es leicht zu verkrüppelten Formen.

Ein »normaler« junger Goldfisch. Als er noch jünger war, war er schwarz.

Elritzen züchten

Das Kiesbeet sollte ganz flach auslaufen und der Wasserstand nur wenige Zentimeter betragen, damit sich die ausgeschlüpften Jungtiere zurückziehen können. Die Eltern sind Laichräuber und würden begierig ihre eigenen Jungen fressen. Im Teich kann man den Eltern mit einigen groben Kieseln den erneuten Zugang zum Laichrevier versperren.

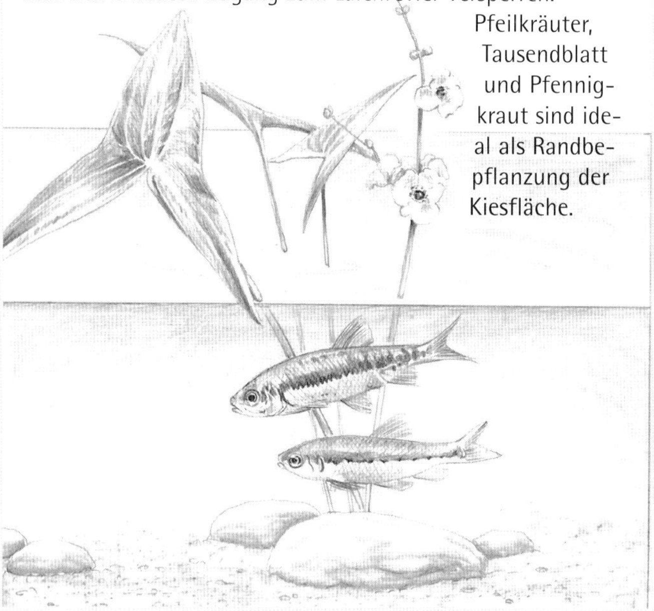

Pfeilkräuter, Tausendblatt und Pfennigkraut sind ideal als Randbepflanzung der Kiesfläche.

Zuchtbiotop

Ob Sie ein Freilandaquarium oder einen Teich als Zuchtbiotop einrichten, die Anforderungen sind gleich. Es gilt, ein Brutgebiet ähnlich der Natur nachzugestalten, in dem der Fisch das wiederfindet, was er zur Fortpflanzung braucht. Dazu gehören flache und tiefe Wasserzonen.

Technik

Die Luftpumpe (→ Seite 10) lassen Sie nur schwach ausströmen, damit keine zu starke Umwälzung entsteht. Der Keramikstein sollte nicht in der Mitte sprudeln, um die Ruhezonen zu erhalten.
Der Oxydator ist mit Ausnahme des Bitterlingsbiotops für die Sauerstoffversorgung zuständig.

Pflegewerkzeug

✔ Mit einem feinmaschigen, meist weißen Plank-

Ein gut funktionierender Unterbodenfilter für das Zuchtbecken lässt sich selbst bauen: Sie brauchen dazu einen Haushaltstrichter (etwa 12 bis 15 cm Durchmesser), eine Sauerstoffpumpe (im Zoofachhandel beraten lassen) mit Ausströmerstein, Luftschlauch und Regelventil (Lufthahn). Den Ausströmer verbinden Sie mit dem Luftschlauch und der Luftpumpe und platzieren den Stein in einer Ecke des Aquariums. Eine zirka 10 cm dicke Kiesschicht (3 bis 5 mm Körnung) bildet eine hervorragende Biofiltermasse.

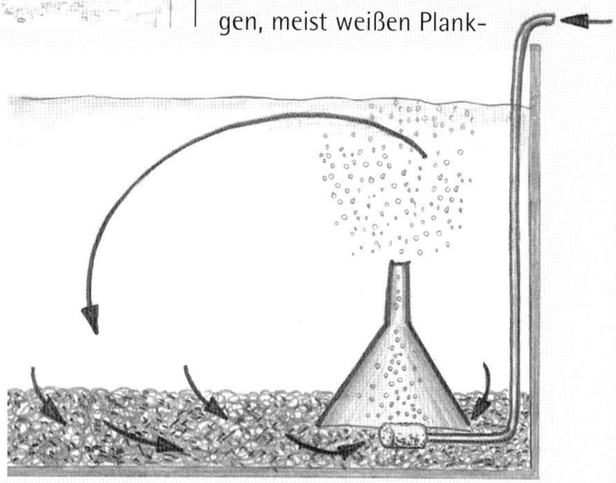

tonnetz fangen Sie das Lebendfutter (→ Seite 43) aus der Regentonne. Im weißen Netz kann man die Futtertiere besser aussortieren.

✔ Mit dem grobmaschigen, dunklen Fischnetz werden Fische gefangen, um sie gegebenenfalls von den anderen zu trennen.

Chemie

Selbstverständlich sollten im Zuchtbiotop keinerlei Chemikalien verwendet werden. Algen müssen wir akzeptieren. Zwischen den Algen leben unendlich viele Mikroorganismen, das Aufzuchtfutter der ersten Tage für die Jungfische.

Den Zuchtteich einrichten

Am einfachsten geht es bei einem Fertigteich mit umlaufender flacher Randzone.

Der Tiefwasserbereich braucht nicht tiefer als 80 cm zu sein. Als Bodengrund empfehle ich Sand, wenn die Fische keine besonderen Ansprüche an die Bodenbeschaffenheit stellen. Eine Seerose im Korb schattet den Teich ab. Einige faustgroße Kieselsteine in zwei Gruppen geben Barschen die Möglichkeit Reviere abzugrenzen. Je nach Größe des Teichs bietet ein zweiter Korb mit Rohrkolben, Zungenblättrigem Hahnenfuß und Wasserpest ein weiteres Rückzugsgebiet für halbwüchsige Jungtiere.

Der Flachwasserbereich muss individuell nach den Ansprüchen der einzelnen Fischarten gestaltet werden:

✔ Moderlieschen legen ihre Laichschnüre zwischen die Stengel der Pfeilkräuter oder Binsen.

✔ Stichlinge brauchen zum Nestbau Blattstücke des Tausendblatts.

✔ Bitterlinge, beziehungsweise die Muscheln, brauchen lockeren Sandboden.

✔ Goldfische stellen kaum Ansprüche.

Und so wird's gemacht:

1. Den vorgesehenen Bodengrund in einer Wanne ausspülen, bis das Wasser klar bleibt, auf dem Teichboden verteilen und mit einem Rechen einebnen.

2. Die Seerose im Korb und die Dekosteine einbringen. Das Wasser darf jetzt bereits langsam einlaufen.

3. Den Flachwasserbereich gestalten. Immer einige »Abflusskanäle« zur tiefen Zone vorsehen. Mit einigen groben Kieseln lässt sich das Abgleiten des Bodengrunds vom flachen in den tiefen Teil blockieren.

Hinweis: Bepflanzen Sie beispielsweise 50 cm Flachzone und lassen Sie dann die gleiche Strecke unbepflanzt. So entstehen abwechselnd kleine Einblickflächen und Futterstellen zwischen den Pflanzengruppen; in letzteren können sich die Jungfische verstecken.

Einsetzen der Fische

Siehe dazu Seite 18.

Entwicklung der Fischeier

Der Zeitraum von der Besamung bis zum Schlüpfen der Fischlarven ist je nach Art unterschiedlich. Auch die Wassertemperatur spielt eine Rolle. Direkt nach dem Schlüpfen ernähren sich die Larven vom Dottervorrat. Danach muss man zufüttern (Lebendfutter, → Seite 43).

REGISTER

Die halbfett gesetzten Seitenzahlen verweisen auf Farbfotos und Zeichnungen.

Die attraktive Trollblume ist geschützt und darf nicht der freien Natur entnommen werden.

ADRESSEN

Adressen, die weiterhelfen

• Verband Deutscher Vereine für Aquarien- und Terrarienkunde e.V. (VDA), Geschäftsstelle: Hans und Ingrid Stiller, Luxemburger Str. 16, D-44789 Bochum
Hinweis: Der VDA gibt Auskunft über aktuelle Adressen und Aquarienverbände in Ihrem Wohnbereich, hilft weiter bei Vermittlung von Kontakten (z. B. Hilfe bei Fischkrankheiten, Beschaffung von seltenen Fischen).

• Bundesverband für fachgerechten Natur- und Artenschutz e. V. (BNA), Postfach 1110, D-76707 Hambrücken
Hinweis: Dachverband der Vereine und Verbände der privaten Tierhalter. Vertritt deren Interessen v. a. bei Belangen der Artenschutzgesetzgebung.

Spezialadressen

• Österreichischer Verband für Vivaristik und Ökologie, Landesverband Niederösterreich; Richard Pfister, Langenlebarnerstr. 50, A-3430 Tulln.

• Institut für Zoologie, Fischereibiologie und Fischkrankheiten der Tierärztlichen Fakultät LMU München, Kaulbachstr. 37, D-80539 München.

Sachversicherung

• Deutscher Ring, Kundenservice, D-20449 Hamburg.

• Z.O.F. GmbH, Bahnhofstr. 65, D-31008 Elze.

Fragen zur Aquaristik beantworten

Ihr Zoofachhändler und der Zentralverband Zoologischer Fachbetriebe Deutschlands e.V. D-63225 Langen, Tel. 06103/910732 (nur telefonische Auskunft möglich).

Bücher, die weiterhelfen

• Baensch, H. A., Paffrath, K., Seegers, L.: Gartenteich-Atlas. Mergus-Verlag, Melle.

• Beck, P.: Treffpunkt Wassergarten. Kosmos Verlag, Stuttgart.

• Hilble, R.: Kois. Gräfe und Unzer Verlag, München.

• Jansen, A.: Teichpflanzen. Gräfe und Unzer Verlag, München.

• Schliewen, U.: Aquarienfische. Gräfe und Unzer Verlag, München.

• Stadelmann, P.: Goldfische. Gräfe und Unzer Verlag, München.

• Stadelmann, P.: Das Aquarium. Gräfe und Unzer Verlag, München.

• Stadelmann, P.: Der Bach im Garten. Gräfe und Unzer Verlag, München.

• Stadelmann, P.: Gartenteich. Gräfe und Unzer Verlag, München.

• Wilke, H.: Naturteich. Gräfe und Unzer Verlag, München.

Zeitschriften, die weiterhelfen

• *DATZ.*
Aquarien- und Terrarien-Zeitschrift. Eugen Ulmer Verlag, Stuttgart.

• *Das Aquarium.*
Birgit Schmettkamp Verlag, Bornheim.

• *Aquarium heute.*
Aquadocumenta Verlag GmbH, Bielefeld.

• *TI Magazin.*
Tetra Verlag, Bissendorf-Wulften.

• *Das Tier.*
Egmont Ehapa Verlag, Leinfelden-Echterdingen.

• *Flora.*
Gruner+Jahr Verlag, Hamburg.

• *Kraut & Rüben.*
BLV Verlag, München.

• *Mein schöner Garten.*
Burda Verlag, Offenburg.

Der Autor

Peter Stadelmann ist Zoofachhändler sowie Ausbilder und Prüfer für Einzelhandelskaufleute im Zoofachhandel bei der Industrie- und Handelskammer Nürnberg. Er hat für GU Naturbuch schon verschiedene Titel zu Aquarien- und Gartenteichthemen verfasst.

Der Zeichner

Johann Brandstetter ist ausgebildeter Restaurator und Maler. Er wechselte, angeregt durch Forschungsreisen mit Biologen in Zentralafrika und Asien, zum Pflanzen- und Tierzeichner. Seit mehreren Jahren illustriert er Bücher für namhafte Naturbuchverlage.

Die Fotografen

Becker: Seite 16;
Bilder Pur/Hartl: Seite U2, 6/7, 24 o.re.;
Bilder Pur/Hecker: Seite 4/5, 24 o.li.;
Floraprint: Seite 32 u.;
Floraprint/Kooiman: Seite 13;
Hartl: Seite 2/3, 20, 24 u., 25 re., 32 o.li., 48, 52 u.li., u.Mi., u.re., 53 o.li., o.re.;
Juniors/Foto Natura: Seite 25 li.;
Juniors/Steimer: Seite 21;
Kahl: Seite 9, 12, 28 o.li., 33 li., 53 u.li., 55 (großes Foto), 56;
Labhardt: Seite 28 u.;
Natur + Science/Hinz: Seite 44;
Nieuwenhuizen: Seite 55 (kleines Foto), U4;

Das Original mit Garantie

Ihre Meinung ist uns wichtig. Deshalb möchten wir Ihre Kritik, gerne aber auch Ihr Lob erfahren. Um als führender Ratgeberverlag für Sie noch besser zu werden. Darum: Schreiben Sie uns! Wir freuen uns auf Ihre Post und wünschen Ihnen viel Spaß mit Ihrem GU-Ratgeber.

Unsere Garantie: Sollte ein GU-Ratgeber einmal einen Fehler enthalten, schicken Sie uns bitte das Buch mit einem kleinen Hinweis und der Quittung innerhalb von sechs Monaten nach dem Kauf zurück. Wir tauschen Ihnen den GU-Ratgeber gegen einen anderen zum gleichen oder ähnlichen Thema um.

Ihr Gräfe und Unzer Verlag
Redaktion Natur
Postfach 860325
81630 München
Fax: 089/41981-113
e-mail:
leserservice@
graefe- und-unzer.de

Peither: Seite U1 (kleines Foto), 28 o.re.,
29 li., re., 32 o.re., 41, 53 u.re., 57, 64/U3;
Reinhard: Seite U1 (großes Foto), 36, 53 Mi., 61;
Schraml: Seite 33 re.; Steimer: Seite 52 o.; Strauß: Seite 49;
Zeininger: Seite 8, 19, 37.

Fotos: Buchumschlag und Innenteil

Umschlagvorderseite: Ein Wasserfall reichert das Teichwasser mit Sauerstoff an (großes Foto) und Goldfische, die häufigsten Gartenteichfische (kleines Foto).
Umschlagrückseite: Die prachtvoll gefärbte Amerikanische Rotflossenorfe wird selten importiert.
Seite 1: Die Amerikanische Rotflossenorfe ist ein friedlicher Gesellschafter der anderen Gartenteichfische.
Seite 2/3: Der Schlammpeitzger ist ein hauptsächlich nachts aktiver Bodenfisch.
Seite 4/5: Das Männchen des Dreistachligen Stichlings baut zur Laichzeit ein Nest, in dem es die Eier und Jungen bewacht.
Seite 6/7: Die Plötze ist sehr schwimmfreudig und braucht deshalb einen größeren Teich.
Seite 9: Der bis 4 cm große Kardinalfisch ist ein friedfertiger Schwarmfisch.
Seite 19: Graskarpfen werden vielfach in Teichen eingesetzt, um der Algen Herr zu werden.
Seite 37: Die anpassungsfähige Rotfeder verträgt sauerstoffreiches bis brackiges Wasser.
Seite 49: Seerosen werden in vielen Blütenfarben gezüchtet.
Seite 55: Goldfische (großes Foto) sind immer noch die beliebtesten Gartenteichfische. Die Männchen der Amerikanischen Rotflossenorfe (kleinbes Foto) erkennt man zur Laichzeit am Laichausschlag.
Seite 64: Dem Gründling, einem bodenlebenden Schwarmfisch, sollte man Verstecke durch Holz bieten.

Impressum

Redaktion: Sabine Schulz, Angelika Lang
Umschlaggestaltung und Layout: Heinz Kraxenberger
Herstellung: Heide Blut/Verena Römer
Satz: Heide Blut
Reproduktion: Fotolito Longo
Druck und Bindung: Stürtz, Würzburg
Printed in: Germany

ISBN 3-7742-1389-5

Auflage	4.	3.	2.	1.
Jahr	2003	2002	2001	2000

EXPERTEN-RAT

1	**Werden die Fische oft krank?**	*Normalerweise nicht. Aber durch Stress beim Umsetzen und durch sonstige Störungen werden sie anfälliger!*
2	**Was mache ich im Urlaub mit dem Teich?**	*Technik kontrollieren - dann ist die Urlaubszeit kein Problem.*
3	**Warum kommen immer Algen?**	*Algen können im Wasser gelöste Nährstoffe schneller verwerten als Pflanzen. Daher sind sie im frühjahr und in einem warmen Herbst normal.*
4	**Braucht man Technik – die Natur kann es doch auch ohne?**	*Die Wassermenge im Teich ist im Verhältnis zur Natur zu klein – da muss die Technik unterstützen.*
5	**Vermehren sich die Fische, und was mache ich dann?**	*Die Jungfische nehmen nie überhand, es gibt zu viele Feinde.*

Der Experte gibt Antwort auf die 10 häufigsten Fragen zur Haltung von Gartenteichfischen